La Rue Meurt Magazine

Plateforme Panafricaine d'Informations de l'Est à l'Ouest de l'Atlantique

Posted on October 11, 2020 by Masengo ma Mbongolo

l'exception qui confirme la règle selon laquelle les universités digne de ce nom se valent, quelles soient de l'Est ou de l'Ouest; tout dépend de ce que l'étudiant fera de l'enseignement reçu.

Le Directeur dudit journal a aussi écrit de bon beaucoup de romans, Zounga Bongolo écrivain congolais a aussi écrit, a étudié à Leningrad de 1973 à 1985 à l'institut pédagogique "Herzen" où il a obtenu un doctorat en sciences politiques.

Devant les réalités politiques et sociales que vivaient la population congolaise, il a cru bon de conscientiser la société sémi intellectuelles en créant en 1991 le journal "La Rue Meurt" où les caricatures renforçaient les écrits pour traduire l'évolution socio politique de son pays le Congo.

Évidement il n'a pas échappé aux drames que ce pays continue de traverser. Au tour de lui la majorité de ses collaborateurs sont tombés l'un après l'autre. En 2001 lors d'un séjour en France, moi son frère cadet et la soeur cadette, lui avons supplié

Les années 90 ont vues apparaitre au Congo un phénomène inimaginable les femmes vendeuses du Marché Total de Bacongo occupaient le premier rang des clients de la presse nationale. Dès 5h00 du matin ces femmes vendeuses passaient dans les points de vente du journal hebdomaire La Ruemeurt, pour se procurer ledit journal avant de se rendre à leurs lieux de travail. Et toutes la semaine les commentaires fusaient de partout. De manière générale ces femmes n'étaient pas de grandes lectrices, mais ce qui les interessaient c'étaient les caricatures de Ray Malonga qui résumaient la situation générale que traversait le pays. Le style et la logique cadraient si bien au climat que l'on respirait au Congo, que les marchandes se cambraient de rire, tant elles trouvaient que ce journal était leur porte parole. La Ruemeurt disait si haut ce la presse nationale et internationale de disaient pas. Zounga Mbongolo Jean Claude directeur dudit journal est

de rester en France, mais son amour pour le Congo était plus que tout… "Il faut des temoins" dit-il en guise de réponse, "… si non qui dira aux petits fils de nos petits fils ce que les parents de nos parents ont vécu?" Je connais bien ces mots, prononcés par notre grand père Zounga Mvoala dia Mbongolo avant de rendre l'âme. Il revenait de Mayama où il avait passé 8 ans de prisons en compagnie d'André Grenard Matsoua. 11 ans après notre rencontre le 18 août 2012, après avoir assisté à la fete nationale qui s'était déroulé à Kinkala, le plus talentueux des journalistes du Congo directeur du journal La Ruemeurt, va s'arreter d'écrire après une série d'accident vasculo cérébrales… enfin de temps à autre nous parlons, et entre deux rires, il semble me dire bon vent.

Ce que nous retenons de La Ruemeurt est:

- *Dans un kilo de mensonge, il y a dix grammes de vérité;*
- *Si chacun balayait devant sa porte, la rue serait sauvée.*
- *Dire aux petits fils de mes petits fils ce que les parents de nos parents ont vécu.*

Une année plutard j'avais en chantier la création d'un magazine de notre Association Malaki ma Kongo, mais comme le combat est le meme celui de *Dire aux petits fils de nos petits fils ce que les parents de nos parents ont vécu. J'ai décider de prolonger le travail de tata Zounga Bongolo, en créant un magazine dénommé La Ruemeurt.

La version online du Magazine "La Rue Meurt" voit le jour en Mars 2013 c'est un Bimensuel dont le Dr. Jean Claude Zounga Bongolo reste le Directeur Général et j'en assume la redaction.

La ligne éditoriale change de logique, du canard enchaîné piquant et soulfureux, le Magazine La Ruemeurt devient une Plateforme Panafricaine d'Informations de l'Est à l'Ouest de l'Atlantique.

Notre Mission est:

la sauvegarde de la mémoire collective à travers l'échange d'informations entre panafricains.

- *la recherche des origines de l'identité culturelle africaine et de sa diaspora*
- *révéler les différents maux qu'ils minent l'Afrique*
- *réfléchir sur les approches des solutions*

www.laruemeurt.com

Votre station préférée a une vocation culturelle. Elle met en lumière les talents des créateurs de Vie du monde entier d'hier, d'aujourd'hui et de demain. La CULTURE sans limite est notre TERRE de prédilection. Le Bien-Etre demeure notre choix de Vie et le Bonheur dans sa splendeur Divine Notre Objectif. La Création Artistique, Musicale et Entrepreneuriale est notre Centre Énergétique Source. Excellente Écoute !!!!!

CANNES, le 10 septembre 2020
COMMUNIQUE DE PRESSE

Festival international du film PanAfricain de Cannes
du 23 au 28 octobre 2020

Honorable Eitel Basile NGANGUE EBELLE

Le Festival International du Film PanAfricain de Cannes (FIFP) vous donne

rendez-vous du 23 au 28 octobre 2020, à l'hôtel Martinez (73 Bd de la Croisette) et à l'Espace Miramar (65 bd de la Croisette).

Cette 17eme édition 2020 est l'occasion de célébrer le cinéma indépendant et promet un millésime exceptionnel et beaucoup d'émotion. Certains réalisateurs se jouent des codes existants, d'autres innovent dans leur écriture cinématographique. Il souffle un vent frais et un regard nouveau PanAfricain sur le monde. Le FIFP est d'abord un ambassadeur de valeurs humaines. Films, Conférences, Cafés littéraires, Cafés Culturels, Musique, Dîner de Gala, Expositions, Meetings, Networking … sont au programme de cette grande rencontre cinématographique. L'une des plus belles vitrines du cinéma mondial indépendant.

En cette année exceptionnelle, le Festival ouvre ses portes le vendredi 23 octobre 2020 à l'Hôtel Martinez avec une série de rencontres. Une conférence de presse FIFP 2020 à 11h00 suivie de Cafés Littéraires et Rencontres avec un Bouquet final pétillant et suprême de cette première journée du FIFP à 20h00, la Grande Soirée de Présentation du Festival 2020 en présence des réalisateurs et professionnels de la 17ème.

+ Jury Professionnel 2020 au Féminin - 6 Femmes d'action : Caroline POCHON (Présidente du Jury Fiction - Scénariste/Réalisatrice/ Écrivaine) - Céline MAJOR (Présidente du Jury Documentaire - Productrice) - Les membres du Jury : Jeanne ROMANA (Réalisatrice – Écrivaine - Productrice) - Nolda DI MASSAMBA (Réalisatrice – Actrice – Productrice) - Dorothée AUDIBERT-CHAMPENOIS (Journaliste – Cheffe Monteuse) - Véronique DIARRA (Écrivaine)-

+ 60 Films des 5 continents (Espace Miramar - 65 Bd de la Croisette)

+ 200 Professionnels

+ Conférences / Ateliers / Networking / Concerts (Hôtel Martinez - 73 Bd de la Croisette)

+ Dîner de Gala (Hôtel Martinez - Bd de la Croisette)

+ Cocktails (Hôtel Martinez - Bd de la Croisette)

Evénement Ouvert à tous : Billetterie et réservation sur notre site internet et dans les Points de ventes habituels.

Tarifs : 5€ la séance - PASS FESTIVAL X NSD INSTITUTE : 69€

PASS FESTIVAL X NSD INSTITUTE- TARIF ÉTUDIANT_STUDENT PRICE -59€

DÎNER DE GALA à HÔTEL MARTINEZ uniquement sur réservation Tarif 150€ - 06.10.04.69.44

Programme et renseignements sur notre site - www.fifp.fr ou +(0) 6 10 04 63 44

À propos

Le FIFP a été créé et fondé par l'Honorable Eitel Basile NGANGUE EBELLE et par l'association GROUPE NORD SUD DÉVELOPPEMENT, association agréée jeunesse et Education Populaire Ministère de la santé, de la jeunesse et des sports n° 06514. Depuis 1997, l'association Nord-Sud est au Coeur du Développement du Lien Social par le biais de la Culture et fonde ses actions sur un Développement Juste et Équitable entre les pays du Sud et du Nord.

Site web : https://nsd-institute.org/

Festival International du Film PanAfricain
Nord-Sud Développement
32, rue Louis Périssol
06 400 Cannes
Tél : +33(0)6 10 04 69 44
www.fifp.fr

Association agréée jeunesse
et Education Populaire
Ministère de la santé, de la jeunesse et des sports
No. 06514 Siret : 440 191 08800028
Code APE : 9001Z activités artistiques

- NSD - INSTITUTE – CONVENTION –
23 AU 28 OCTOBRE 2020

HORAIRE	VENDREDI 24	SAMEDI 24	DIMANCHE 25	LUNDI 26
11H /11am	CONFERENCE DE PRESSE FIFP 2020	RENCONTRE AVEC UN REALISATEUR	RENCONTRE AVEC UN REALISATEUR	RENCONTRE AVEC UN REALISATEUR
14H / 2pm	RENCONTRE AU FEMININ FOCUS sur les 6 membres du Jury FIFP 2020	CONFERENCE FINANCEMENT & INVESTISSSEMENT Focus BANQUE ETHIQUE AFRICAINE MASENGO MA MBONGOLO + Exposition	CONFERENCE LE METIER DE PRODUCTEUR By Cécile Major Chef de projet Productrice Rédactrice – DMP Production	CONFERENCE JEUNESSE MONDIALE & DEVELOPPEMENT DURABLE By Jean-Célestin EDJANGUE
15H / 3pm	HOMMAGE CELEBRE **CONTEUR AZUREEN MOMAR GAYE**	ENTREPRENDRE avec **AFRICAN VALLEY déplace ces after work à Canne**	CONFERENCE "2ème CONGRES DES KONGO : La problématique Kongo de l'Est à l'Ouest de l'Atlantique"; De l'Egypte au reste du monde… By Masengo ma Mbongolo	CONFERENCE LE BICENTENAIRE DE HAITI By Masengo MaMbongolo
16H / 4pm	CAFE LITTERAIRE "Autour de l'oeuvre de Caroline POCHON" Présidente de Jury Fiction	CONFERENCE CONTENU & MEDIAS PANAFRICAINS PANEL Visionnaire ? En partenariat ave LE NOUVEL AFRIQUE	CONFERENCE Regard sur l'Edition PanAfricaine WaWa Edition By Virginie Mouada	ATELIER PAPER TOY By Randy
17H / 5pm	CAFE LITTERAIRE "Autour de l'oeuvre de Véronique DIARRA", membre de jury FIFP 2020		HOMMAGE A UNE REALISATRICE ENGAGEE SARAH MALDOROR By Gérard Ttheobald	ENTREPRENDRE ROOTENS By Rose TENKEU
18H / 6pm	CAFE LITTERAIRE "Jeanne ROMANA, SUR LES TRACES DE FRANTZ FANON EN ALGERIE" (membre de Jury FIFP 2020)			

MARDI 27	MERCREDI 28
RENCONTRE AVEC UN REALISATEUR	RENCONTRE AVEC UN REALISATEUR
CONFERENCE QUELLE BUSINESS MODELE POUR UNE ENTREPRISE PANAFRICAINE ? By Eitel Basile NGANGUE EBELLE	**CONFERENCE** LA RENCONTRE DU SIECLE : Les Musundi de Cuba avec les Musundi du Kongo. Sous fond de Thé Kongo
CAFE LITTERAIRE SUR LES TRACES KONGO DANS LES AMERIQUES / HAITI By Masengo Ma Mbongolo Fragments de Consciences Haïtienne de Antoine Lovely La Prise de conscience de Jean Claude Mata	**CONFERENCE** FOCUS SUR LA REPUBLIQUE DEMOCRATIQUE DU CONGO By Nolda DI MASSAMBA
RENCONTRE ARTISTIQUE APKMS By prince KESTAMG	**MASTER CLASS** By Caroline PONCHON Présidente de Jury Fiction

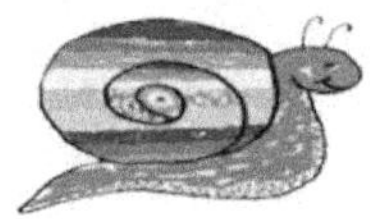

17ÈME ÉDITION FESTIVAL INTERNATIONAL DU FILM PANAFRICAIN DE CANNES

Cap sur FIFP
de Cannes
23 - 28 Oct.
2020

Banque
Ethique Africaine
BEA

HÔTEL MARTINEZ
ESPACE MIRAMAR

www.banqueethiqueafricaine.com
www.malakimakongo.net
+39 377 94 13392

Programme de Malaki ma Kongo au FIFP de Cannes 2020

-Samedi 24 Oct. à 14h00

CONFERENCE

FINANCEMENT & INVESTISSSEMENT

Focus

BANQUE ETHIQUE AFRICAINE
par Masengo ma Mbongolo
+ Exposition

-Dimanche 25 Oct. à 15h00

CONFERENCE

2ème CONGRES DES KONGO : La problématique Kongo de l'Est à l'Ouest de l'Atlantique"; De l'Egypte au reste du monde…
par Masengo ma Mbongolo

-Lundi 26 Oct. à 15h00

CONFERENCE

LE BICENTENAIRE DE HAITI
par Masengo MaMbongolo

-Mardi 27 Oct. à 15h00

CAFE LITTERAIRE
SUR LES TRACES KONGO DANS LES AMERIQUES : HAITI
par Masengo Ma Mbongolo

Fragments de Consciences Haïtienne
par Antoine Lovely

La Prise de conscience
par Jean Claude Mata

-Mercredi 28 Oct. à 14h00

CONFERENCE
LA RENCONTRE DU SIECLE : les Musundi de Cuba avec les Musundi du Kongo.

Le tout sous fond de Thé Kongo

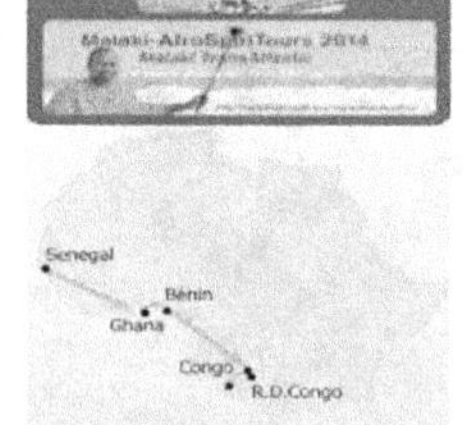

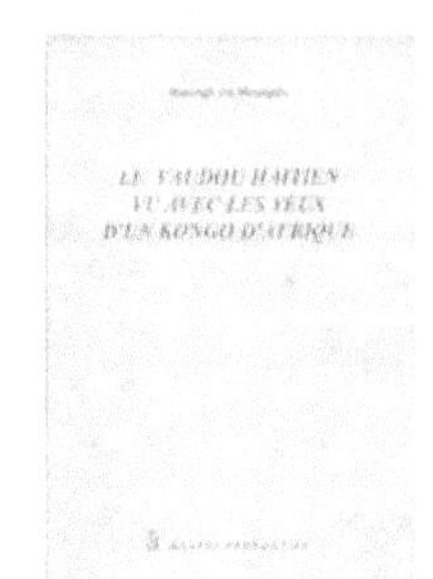
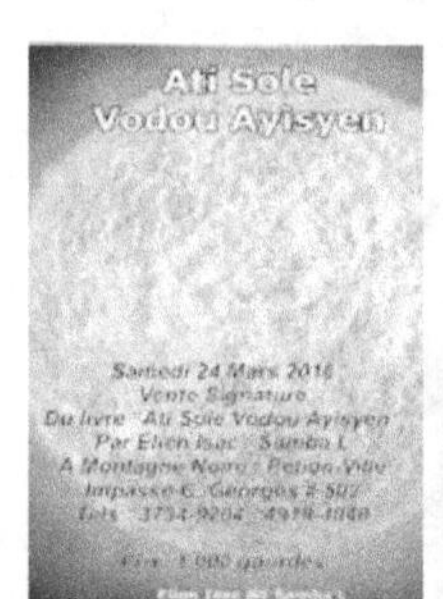

Une Banque Ethique Africaine:
rêve ou réalité?

Une Banque Ethique est une lampe allumée pour éloigner la bêtise humaine

**Une Banque Ethique Africaine:
rêve ou réalité?**

 L'Afrique va mal, et la mission confiée à Masengo ma Mbongolo était "D'Aller au-delà des mers, océans, forêts, savanes, montagnes, vallées, à la recherche des Hommes éthiques, qui devraient désormais collaborer avec les Hommes éthique d'Afrique. En quinze ans il a traversé une trentaine fois la Méditerranée et l'Atlantique à la recherche desdits Hommes Éthiques, jusqu'au jour où il s'est rendu compte que les fameux Hommes Éthiques, qu'il recherchait n'étaient que ces frères, sœurs, d'Afrique et d'ailleurs, qu'il croise tous les jours dans la rue, mais qui ont perdu le repère, donc il fallait seulement les aider à changer leur paradigme, réorienter leur centre d'intérêt vers l'Afrique. D'où l'intérêt de la création d'un réseau africain de la finance éthique pour éloigner la bêtise

Banque Éthique Africaine.

Après 15 ans de diplomatie internationale pour le gouvernement de la République du Congo, j'ai passé un an dans la forêt congolaise à cause de la guerre .... le manque de compassion de la communauté internationale m'a amené à rechercher une manière de vivre ensemble entre les peuples:

quoi de mieux qu'une banque éthique d'essence africaine, pour lier les intérêts des peuples au nom de la PAIX SUR TERRE?

En 2005, en tant que membre de la Banque Éthique d'Italie, j'ai participé à la création de la Banque Éthique Européenne, donc avec des amis nous avons commencé à réfléchir sur la Banque Éthique Africaine

Environnement des affaires en Afrique.

Les entrepreneurs africains sont marginalisés par l'accès au crédit, faute de garanties. Pour cette raison, les entrepreneurs africains peinent à contribuer au développement du continent et donc à sortir d'un état de pauvreté.

Accompagner l'entrepreneuriat social africain signifierait non seulement éradiquer la pauvreté mais aussi éviter de faire du désert et de la Méditerranée un cimetière africain.

Proposition de valeur.

La Banque européenne d'éthique africaine vise à transformer les problèmes des communautés africaines marginalisées en opportunités commerciales sociales et durables, en soutenant les petites et moyennes entreprises sociales à travers des prêts à impact, des conseils et des réseaux internationaux.

La Banque Éthique sélectionne et collecte des données sur les entreprises sociales en Afrique qui répondent aux besoins sociaux / environnementaux de la communauté

Banque Éthique offre des conseils afin de développer les entreprises sélectionnées et collecte des fonds auprès de donateurs / investisseurs internationaux

La Banque Éthique propose un prêt à impact aux entreprises sociales en Afrique avec un taux de remboursement et d'intérêt qui facilite leur développement

Le remboursement du capital du prêt à impact est réinvesti dans de nouveaux projets d'entreprises sociales, créant un cycle autonome de remboursements et de nouveaux prêts

Economies:

Les entreprises doivent avoir 3-4 ans d'activité, avoir une structure et une organisation solides et une perspective d'évolutivité élevée

Social:

Les entreprises doivent assurer le développement des communautés émergentes en proposant des produits qui répondent aux besoins primaires et en les engageant dans des activités commerciales

De l'environnement :

Les entreprises doivent poursuivre des activités commerciales respectueuses de l'environnement en garantissant une amélioration de la vie des collectivités et de ses générations futures.

Prêt à impact:

Le prêt à impact prévoit un taux d'intérêt de 4% afin de couvrir les frais de gestion de la banque éthique

Le capital remboursé est réinvesti dans de nouveaux projets d'entreprises sociales.

Les canaux de distribution:

• Succursales de la banque
• Banquiers ambilante
• Foires « Fair Afro » Développement responsable.
• Groupe d'initiative territoriale
• Médias: magazine, diffusion Web TV et web radio.
• Festival pour un développement responsable

Mes partenaires:

En dehors de la Banque Ethique d'Italie, où nous avons fait école, nous sommes à la recherche des partenaires...

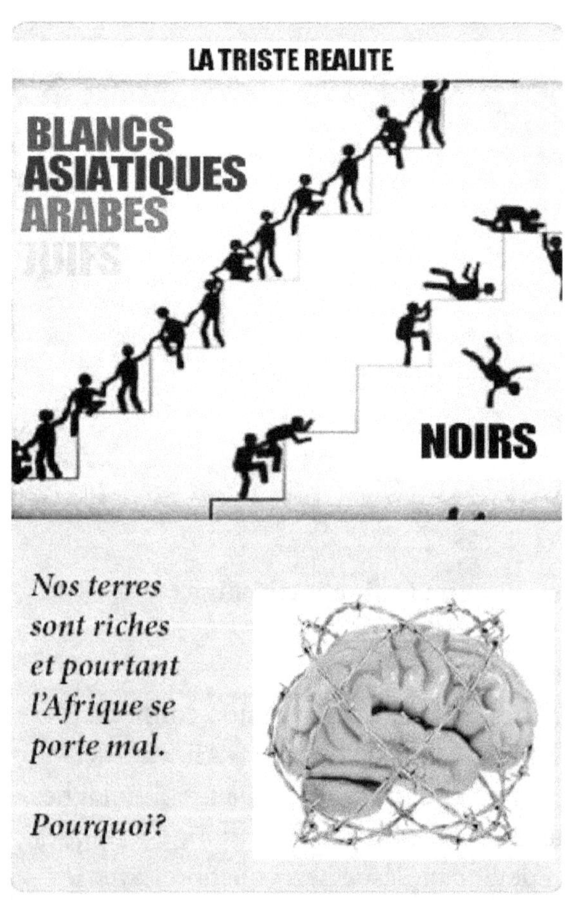

https://banqueethiqueafricaine.com/

MALAKI-DEVELOPMENT: la culture au service du Développement.

MALAKI-DEVELOPMENT (l'espace de promotion social) est un département de l'Association Culturelle Malaki ma Kongo qui s'occupe de la recherche d'un mode de développement durable, approprié au Congo en ces temps difficiles. Un développement auto soutenable et autocentré sur l'Homme, prenant compte du respect de l'environnement, des droits de l'homme et de la dimension culturelle dans tout projet de développement. MALAKI-DEVELOPMENT travaille suivant la logique de la Grammeen Bank qui place au centre de ces intérêts la condition humaine.

Le but de l'existence de MALAKI-DEVELOPMENT est la recherche des moyens économiques pour faire renaître la confiance, l'espoir en la vie aux congolais et assurer la survivance des traditions ancestrales dans leurs milieux naturels: nos villages et les périphéries urbaines, détruits par la guerre.

"Les oeuvres que nos artistes présentent sont en général l'héritage culturel d'un peuple. La destruction de nos villages par la guerre du Congo, signifie la destruction de notre base primaire de ressource-

Mama Yoyo, Directrice de Malaki Développement (*Centre de Formation des Fille s Mère en Coiffure & Couture*) *en vite en Italie en 2010 pour voir comment sont apréciés ses produits en Occident.*

ment. Ce qui entraînerait sans aucun doute le tarissement de notre foyer d'inspiration".

l'Association pour la Renaissance des Racines Culturelles Africaines Malaki Ma Kongo à travers Malaki Development, conformément à l'article 2 / a de son statut, a deux devoirs fondamentaux:
- Assurer la promotion des activités culturelles;
- Susciter la solidarité internationale pour éradiquer l'ignorance, la violence, le racisme, la pauvreté.

A- En Occident et en tout le panorama international en général, nous divulguons les racines de la culture africaine, de façon à créer des échanges inter culturels et favoriser la solidarité internationale avec l'Afrique.

B- En Afrique-Congo : nous faisons la promotion du festival des

Climat de travail à Malaki Développement

racines de la culture africain Malaki ma Kongo, en faveur de la culture au service du développement.

INTÉRÊTS

1. Créer les conditions pour l'émergence d'une culture de développement responsable au Congo.
2. Informer, former et stimuler les communautés de base à créer et à maintenir un genre de vie moderne tout en restant accroché aux bases culturelles africaines.
3. Faire connaître les valeurs culturelles africaines pour combattre l'ignorance, l'extraversion, l'aliénation mentale, la négation de l'Afrique dans le système international
4. Permettre aux Africains de découvrir leur vraie histoire et faciliter à la diaspora un retour aux origines, digne et à moindre coût
5. Promouvoir, un tourisme éthique au cœur de l'Afrique
6. Prévenir la délinquance
7. Encourager un développement autocentré sur l'homme, enraciné dans sa culture ancestrale
8. Favoriser les échanges artistiques entre les artistes, les hommes de culture de l'Afrique, de la diaspora et du monde
9. Recevoir l'art et l'action culturelle dans les pays occidentaux et dans les milieux de la diaspora afin de favoriser les actions humanitaires pour le Continent Noir
10. Ouvrir le marché africain au monde extérieur et à sa diaspora dans la forme d'un commerce éthique aux profits durables

Réalisations de Malaki ma Kongo:

A/ Pointe Noire
- un centre d'apprentissage de couture et de coiffure pour les jeunes filles ;
- Coopérative de femmes pour la fabrication de poissons salés
- Coopérative Agricole de Jeune Agronome de Tchimbamba (collaboration)
- Centre Agricole Pilote Malaki Aarit Association pour l'Assainissement de la Rivière Tchimpamdzou
- Club pour la Promotion des Jeunes Artistes pour la Paix et le Développement Responsable

B/ Brazzaville
- Coopérative Agricole de Jeune Agronome de Nganga Lingolo.
- Coopérative du Petit Elevage des Chrétiens de la Paroisse de Nganga Lingolo (collaboration)
- Bado Restaurant des artistes (collaboration)
- Didactiel Centre de formation à l'informatique. (collaboration)
- Mutuelle des Femmes de Bacongo
- Bo-Artisanat (collaboration)

Les résultats sont encourageants, bien que les coopératives situées à Brazzaville éprouvent beaucoup plus de difficultés. La population et la presse de Pointe Noire commence à nous compter parmi les animateurs d'actions de solidarité pour le million d'habitants que compte ladite ville.

Mama Josée, ce regard melé de sourire ne trompe pas ; tu nous dis de continuer sur cette lancée et que tu es toujours à nos cotés... Merci Coach...

Ginevra di Serego (arrière petite fille de P.S.De Brazza), membre de Malaki ma Kongo

Défilé de mode made in Congo par Artschool de Savona en Italie avec les habits de Malaki Développement

AARIT -Mpaka (Malaki soutien les déplacés de guerre)

Mama Flo & Mufaba.

Produits de Malaki Developpement

AJAV (Asso. des jeunes Agronomes Volontaires)

Masengo Ma MBONGOLO

Vingt ans de
Malaki Mâ Kongo
1991 - 2011

Collection Ta e Nguala

Tome 1 : 1991 - 2001

Éditions Paari

Vingt ans de Malaki Mâ Kongo 1991 - 2011

Cet ouvrage qui se décline en deux tomes relate l'histoire moderne du Malaki Mâ Kongo, véhiculée par Masengo Ma Mbongolo. Malaki Mâ Kongo est une tradition culturellequi remonte depuis la nuit des temps aux origines du royaume de Kongo dia Ntotela.

C'est en 1991 que Masengo Ma Mbongolo avait pris l'initiative de célébrer le Malaki Mâ Kongo au Congo-Brazzaville. Avec les contingences socio-politiques liées à l'espace originel Kongo, en proie à des multiples convulsions, Malaki Mâ Kongo a donc suivi le sillage de l'antique voyage triangulaire à travers la planète. Visant la paix intégrale entre tous les hommes quelques soient leurs origines culturelles, raciales, ethniques ou géographiques, Malaki Mâ Kongo s'est redéployé en Afrique d'abord, en Europe et ensuite en Amérique pour contribuer à une mondialisation équitable dans ce village planétaire en perpétuelle construction.

Le but de l'association Malaki Mâ Kongo est de sauvegarder la mémoire collective à travers la promotion des Racines Culturelles Africaines, afin de soutenir les actions de développement responsables dans les pays africains ainsi que dans la Caraïbe.

LA PRISE DE CONSCIENCE

La prise de conscience est un livre publié par Jean Claude MATA, il fait parti du domaine de recherche de Monana-Universal qui est un organisme moral indépendant qui consacre ses recherches sur l'amélioration de la condition humaine. Pour faire face au défie de troisième millénaire qui ne sera pas comme les autres, nous expérimentons de nouveaux concepts bien adapter au nouveau millénaire. Nous voudrons éliminer et effacé sur la surface de la terre tout ce qui nui à la vie sociale et dès ses racines. Cet ennemi commun à un nom et que nous appelons agent de force. C'est un agent pathogène qui règne sur le plan microscopique qu'on ne peut voir a travers l'œil physique mais plutôt à travers l'œil microscopique appeler couramment troisième œil. Ils seront mis à nue après avoir découverte de la conscience divine. On dit souvent que ce qui est à l'intérieur de nous est comme ce qui est à l'extérieur. C'est ce que nous avons découvert à travers nos recherches sur la vie microscopique que mènent nos cellules. C'est à travers la lumière de la conscience divine que Monana Universal met a nue l'œuvre des agents de force en s'attaquant à la vie microscopique. Il est impossible à l'homme de voir ce qui se passe à l'intérieur de lui si c'est seulement à travers ses moyens matériels ni à travers son subconscient la manière que les marginaux que sont les agents de forces manipulent nos malheureux cellules. il n'y a que la conscience qui est capable de faire ce travail pour libérer nos cellules, parce que la conscience éclaire toute l'espace partout où elle est en action, c'est ce qui fait fuir les agents de force et vos yeux vont voir ce qui est caché à l'intérieur de vous. Plus vous combattez à l'intérieur de vous ces parasites d'agent de force, plus la vie sociales va être secoué et bouleversé sans que vôtre entourage sache de ce qui ce passe, parce que vous seriez unique témoin du déroulement de combat. Cet ennemi est faible vu sa taille mais capable de posséder un organisme humain entier par la force de regroupement ainsi d'imposer ordre à l'homme, et ce dernier va exécuter l'ordre qui va donner l'impression que c'est lui qui est à l'origine de l'acte. Alors que votre frère biologique avec qui vous êtes lié à la nature mère est victime d'une autorité extérieure de l'être humain venue d'outre espace mais qui sévis en lui. Tout simplement parce que nous ne voyons rien de ce qui ce passe à l'intérieur de notre frère, ni même de ce qui ce passe en nous même. Les agents de force sont faible car ils ne progressent jamais, alors que l'homme lui, progresse en grandeur à travers la conscience et la connaissance à l'infinie. Les agents de force arrivent comme les fourmis à travers l'inconscience planétaire et le subconscient en se regroupant caché dans les espaces sûr de notre corps et esprit pour ne pas être délecter, ainsi nos cellules deviennent leurs vaches au lait comme les

Cosmos

Mata Jean Claude

esclaves qui travail pour leur maître.

C'est de la superstition qui fait croire à l'homme que le responsable de ses maux est son vis-à-vis, donc sont frère. Au contraire il n'est qu'un esclave aux services d'une autorité extérieur étrangère qui n'est pas de la race humaine.

Le livre de la prise de conscience a été conçu pour vous guider pas à pas vers la lumière de la conscience divine d'où rien de l'obscure n'apparait. Il vous aide à vous défendre contre vos ennemis communs, à vous recharger énergiquement si vous vous sentez épuiser, fatigue ou malade. N'hésitez pas a le lire souvent pour mieux vous informer du monde spirituel, comme pour vous rechargez d'esprit ou pour vous défendre contre vos ennemis, qu'il soit l'homme physique ou spirituel, visible ou invisible, vous verrez que vous subirez moins d'attaques qu'auparavant. Les résultats sont fantastiques, la voie sera libre pour vous.

N'importe qui peut l'utiliser pour satisfaire ses besoins professionnels ou familiaux. Sauf pour nuire à l'autrui comme les innocents. Les résultats sont rapides quand il s'agit de vous défendre contre le mysticisme de vos ennemis visibles ou invisibles. L'arme de l'énergie de la conscience est redoutable pour vous défendre, elle passe à l'offensif contre vos ennemis quand il s'agit d'une attaque dont vous êtes la victime. Ne craignez personne à ce sujet car la défense est le domaine de la conscience. Elle se défend de manière explosive comme une réaction nucléaire. Il n'attaque rien si vous êtes victime de rien. Création ou défense, c'est cela le domaine de la conscience. Si vous l'utilisez contre quiconque qui ne vous a rien fait, vous finirez par vous autodétruire. Voila c'est l'énergie de la conscience !

Mr Jean Claude MATA est un chercheur philosophe indépendant,　Né le 03/11/1963 AU Congo-Brazzaville, naturalisé français.
Il a suivi ses études au Lycée Technique au Congo-Brazzaville et une partie de ses études au Lycée Technologique Dorian de Paris 11ème.
De 1994 à l'an 2000 il a travaillé à CNDP (centre national et de documentation Pédagogique) comme technicien Polyvalent du Bâtiment, après une formation dans le Bâtiment à AFPA de Meaux.
En 2009 – 2018, il a dirigé sa propre société d'exportation des matériels informatique vers l'Afrique.
Depuis l'an 2018 il consacre ses recherches sur la spiritualité, biologie et écologie entrepris il y a plus de 25 ans. La même année il publie son premier livre intitulé « la prise de conscience » sorti aux éditions Baudelaire, il a été revu, corrigé et rééditer aux éditions Librinova en septembre 2020.
A travers ces recherches pour améliorer sa santé entreprit depuis 1990 il rencontra Christian Godefroy, ancien propriétaire des Editions Godefroy spécialisé sur les livres de santé, la spiritualité, le développement personnel etc… devenu quelques années plus tard le leader de l'infos-preneurs en France du début de deuxième millénaire pour avoir former de nombreux jeunes entrepreneur du net.
Pour toutes infos concernant le livre de la prise de conscience suivez ce lien
https://www.librinova.com/librairie/jean-claude-mata/la-prise-de-conscience
　N'hésitez pas de laisser un commentaire, un carreau surprise vous attend avant la fin de l'année. Pour poursuivre nos recherches www.monana.net.

Le dragon

Fragments
de conscience haïtienne

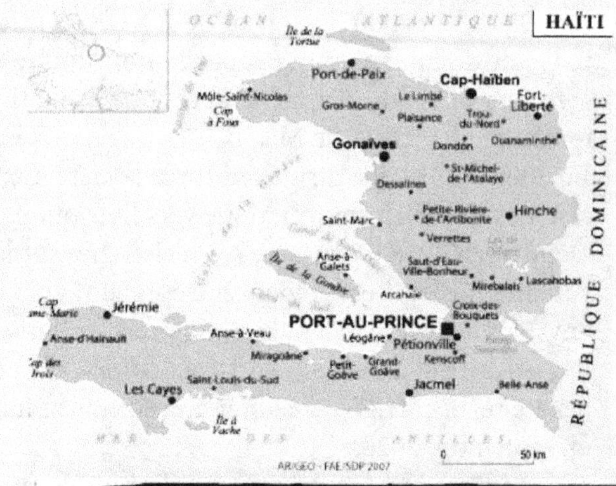

Lovely Antoine

Préface : Masengo Ma M'Bongolo

Postface : Mawawa Mâwa-Kiese

Antoine Lovely
https://www.amazon.fr/Fragments-conscience-ha%C3%AFtienne-Lovely-Antoine/

Ce cri de coeur de Lovely, parole d'une femme qui s'interroge sur la condition humaine en terre haïtienne, énonce clairement que c'est dur d'être Haïtien. Les calamités naturelles (Tremblement de terre) viennent s'ajouter à cette pauvreté endémique séculaire, et posent désormais les questions existentielles au sein de l'île. Questions ne pouvant du reste être évoquées sans convoquer l'Histoire haïtienne. Bookman, Louverture, Macaya, Dessalines, etc., et tous ceux qui avaient combattu l'hydre esclavagiste et coloniale, sont ici remis à l'ordre du jour. L'unité affichée par les esclaves à partir du conclave de Bois-Caïman dans la nuit du 17 août 1791 avait été le point de départ de l'indépendance de la première république nègre au monde. Face aux enjeux contemporains, les Haïtiens doivent être de nouveau unis, actifs, entreprenants et travailler davantage comme par le passé, pour que l'île recouvre son autonomie d'antan. Haïti terre africaine ! S'impose alors ce pont sur l'Atlantique pour une mondialisation choisie, contrairement à celle subie depuis le xvème siècle. C'est dans la compréhension de son passé, et à travers l'éducation de son peuple que Haïti redeviendra la perle des Caraïbes, la nation où toutes les couleurs de l'arc-en-ciel humain – Noir, Blanc, Indien, Mulâtre, Quarteron, Métis, Mamelouque, Quateronné, Sang-mêlé, etc. –, devraient vivre en paix et en harmonie pour un monde nouveau et meilleur.

Sur les traces Kongo dans les Amériques: Haïti

De Masengo ma Mbongolo

Quand les ancêtres veulent faire le point d'une histoire trop controversée, ils choisissent un de leurs descendants, qui est plus ou moins proche de leur logique, pour transmettre leur message. Souvent cela arrive à la fin des ères et s'accompagne d'une série de cas inattendus qui seront l'exception qui va confirmer la règle. Ce livre "Sur les traces Kongo dans les Amériques: Haïti", résume mes 25 ans de collaboration avec les Afro-descendants. Tout a débuté en 1994, quand j'ai invité au festival Malaki ma Kongo au Congo, les guadeloupéens d'origine Kongo à la recherche de leurs origines. Ce livre continue à m'émerveiller, il ressemble à un « mystère que je chevauche ». Il a un dynamisme intérieur qui est difficile à expliquer, pour ne pas paraître ridicule, devant ceux qui n'ont pas vécu

...ertaines expériences, hors du commun des mortels.
...e fois, il arrive qu'un peuple qui a tant souffert cher-
...he un canal d'expression pour nommer son drame. Et
...ouvent il bégaye avant de livrer son message au monde.
...e texte qui pourrait en être le cas, m'a ouvert les yeux
...ur certains phénomènes cachés de l'histoire du monde
...Noir. Il est aussi la somme d'une dizaine de voyages que
...ai effectués entre le Congo, le Vatican en Italie et Haïti.
...e spirit Kongo de Haïti a voulu s'exprimer au travers
...e ce texte... Grâce à un système made in Africa que
...ous avons créé avec les antennes de Malaki ma Kongo,
...ai sillonné Haïti de Jacmel au Cap en passant par Bois
...Caïman, Soukri, sans oublier mes séries de voyages dans
...es villes et villages des pays d'Afrique de l'Ouest via le
...emple des Python à Ouidha, les villages du Sud Ouest
...u Burkina Faso, le Ghana et aussi ceux d'Amérique du
...ud, en particulier les antennes de Malaki ma Kongo au
...Venezuela, à Cuba, en Ecuador, en Guyane, aux Antilles,
...ct... Et sans le vouloir, la nature a guidé mes pas; des
...hénomènes difficiles à expliquer m'ont permis à ren-
...ontrer des gens que je n'attendais pas. Le fait de recher-
...her le Bukongo (la Kongonité), d'approcher les racines
...e l'histoire de ce peuple et de maîtriser les méandres du
...ommerce triangulaire du 15ème au 19ème siècle, m'ont

Masengo ma Mbongolo

permis de toucher du doigt les mécanismes des relations
Internationales des temps prohibés d'un passé proche. Ces nœuds sont difficiles à dénouer, quand on ne
commencent pas les recherches dans les pistes, villes et
villages d'où sont partis les esclaves.Les colons, sont-ils
si bêtes au point de créer un système éducatif et univer-
sitaire, autodestructeur qui favoriserait l'indépendance
spirituelle, intellectuelle et économique de leurs moyens
de travail (des descendants des esclaves) et des ancien-
nes colonisés ? Ne rêvons pas, le système éducatif domi-
nant, et ses bibliothèques, n'ont pas été crés pour faciliter les recherches de notre histoire, notre identité. Les
chaines de l'esclavage, ont quitté nos pieds et nos mains
pour s'incruster dans nos têtes. Chaque intellectuel Noir
devrait prendre son bâton de pèlerin et traverser les
forêts, les savanes, les montagnes, les fleuves, les océans,
d'Afrique et des plantations des Amériques, pour se
faire une réelle idée de notre passé. C'est ce défi que s'est
lancé Masengo ma Mbongolo, spécialiste des Relations
Internationales Culturelles Nord Sud pour le Développe-
ement, qui tente d'une part de transformer ses rêves en
réalité ; et de l'autre, concrétiser le souhait de son grand
père Zunga M'Voala qui, sortant de prison, à l'agonie, a
dit à son fils Paul MBongolo, avant de rendre l'âme, de
"Dire aux Petits fils de ses petits fils ce que les parents de
ses parents ont vécu". Ces mots, mutés en festival Malaki
ma Kongo font la promotion des Racines Culturelles
Africaines pour promouvoir le développement responsable des Noirs de l'Est à l'Ouest de l'Atlantique.

Masengo ma Mbongolo Prince de n'Sundi

Avertissement

De fois, il arrive qu'un peuple qui a tant souffert cherche un canal d'expression pour nommer son drame. Et souvent il bégaye avant de livrer son message au monde. Ce texte pourrait en être le cas. Ce livre m'a pris beaucoup de temps pour le confectionner. Il m'a ouvert les yeux sur certains phénomènes cachés de l'histoire du monde Noir. Il est aussi la somme d'une dizaines de voyages que j'ai effectués entre le Congo, l'Italie et Haïti. J'ai avec mes partenaires Haïtiens créé une association CECILE & Malaki ma Kongo.

Avec le concours de ladite association J'ai sillonné Haïti du Nord au Sud, et sans le vouloir, la nature a guidé mes pas; des phénomènes difficiles à expliquer m'ont permis de rencontrer des gens que je n'attendais pas. Le fait d'être Kongo, d'avoir approché les racines de l'histoire de ce peuple et de maîtriser les méandres du commerce triangulaire du 15ème au 19ème siècles, m'ont permis de toucher du doigt les mécanismes des relations Internationales des siècles passés, qui sont difficiles à maitriser à première vue... Je dois signaler aussi que mes séries de voyages dans les villes et villages au cœur de l'Afrique et en Afrique de l'Ouest, comme en Amérique du Sud et en Haïti en particulier, m'ont ouvert les yeux, car nos bibliothèques et système éducatif ne sont pas disposés à faciliter ces genres de recherches. Ce travail de recherche remonte à juillet 1994, quand j'ai invité à notre festival Malaki ma Kongo au Congo, les guadeloupéens d'origine Kongo, qui sont venus à la recherche de leur origine.

Ce livre continue à m'émerveiller, parce qu'il a un dynamisme intérieur qui est difficile à expliquer, pour ne pas paraitre ridicule, à ce qui n'ont pas vécu certaines expériences. Le spirit Kongo de Haïti a voulu s'exprimer au travers de ce texte, par exemple: «En septembre 2014, dès qu'il a su que j'étais de retour en Haïti, Ati Max Beauvoir le Chef Spirituel du Vaudou Haïtien, a tenu à me rencontrer à avant mon départ. Il m'a parlé pendant longtemps des choses d'Afrique que je ne connaissais pas... une année après cette causerie, il a quitté le monde des vivants... Et j'ai réalisé alors qu'il était opportun de rende publique son message, en plus de ce que j'ai vu, entendu et senti, des années 90 à 2018, en Afrique (Kongo-Bénin), en Europe (Vatican), en Amérique (Haïti). J'ai fait une analyse comparée des textes anciens et nouveaux, en plus des nouvelles publications numériques, et du travail sur le terrain transatlantique, pour dresser des parallèles qui me permettent de mieux circonscrire le problème.

La particularité des mots et phrases qui vont suivre, est que la collecte pratique des données remonte à 1994, quand nous avons reçu au Congo des Guadeloupéens d'origine Kongo. Ils étaient venus prendre part au Festival Malaki ma Kongo. Le succès qui en a suivi nous a contraint de mesurer l'impact social de cette visite et d'en prendre fait et cause. Sans le vouloir, les Caraïbes et l'Amérique Latine en général étaient devenus mon terrain de recherche jusqu'au jour où, le message de Ati Max Beauvoir (le maître spirituel du Vodoo haïtien) a fait déborder le vase. Une année après cette rencontre, ce grand monsieur a quitté le monde des vivants. Réexaminant son message, j'ai compris que je devais porter loin en Afrique, ce cri-d'alarme de ce grand homme de Dieu.

J'ai donc assemblé, réinventé, rapproché, raccordé, et commenté des textes, des faits et gestes d'un lointain passé. Certaines choses ne retrouvent vie que si un familier de la culture africaine, les identifie dans l'Afrique berceau des cultures. Petit à petit le temps faisant son chemin et porte à la lumière les secrets de l'humanité. Les vagues qui mouillent les plages de l'Est et de l'Ouest de l'Atlantique, ont des nœuds que seuls le temps, la patience et la volonté des Dieux peuvent dénouer. Il faut prendre son temps, marcher à travers des chantiers inconnus où le vent, les étoiles, la poussière, les épines, le sable et la pluie, guideront vos pas. L'école de Léopold le du Roi Belge avait ôté de l'éducation, le raisonnement, pilier de toute formation humaine, pour ne nous enseigner qu'à lire et écrire. Évidemment, nous sommes devenus des commis; des garçons de course. Nous sommes incapables de promouvoir des actions propres à notre développement

Masengo ma Mbongolo et **Ati Max Beauvoir (Maître spirituel du Vaudou haïtien):**

Ati Max Beauvoir (Maître spirituel du Vaudou haïtien):
- *La population haïtienne est essentiellement Kongolaise, à plus de 75%*
- *Notre modèle de guerre d'indépendance est un modèle Kongo...*
- *Son modèle de guerre d'indépendance est un modèle Kongo*

personnel ou collectif.

Depuis, nous avons aiguisé nos instruments pour apporter une réponse plus ou moins acceptable, ou mieux responsable, à des séries de questions qui jusqu'ici sont restées sans réponses.

Évidemment l'école des Blancs, qui ne s'est pas accommodée du «raisonnement», n'est pas capable de nous aider à trouver une fissure qui nous permettrait à nous aventurer dans ce sac de foin pour découvrir l'épingle où est accrocher ce fil d'Ariane qui nous mènerait à la vérité. Ce sont de bonnes guerres.

C'est un manque de responsabilité de croire que l'Occident qui nous a mis en esclavage, en colonisation et maintenant en néo-colonisation, pour s'enrichir et se développer à nos dépens, va d'un jour à l'autre remettre dans nos mains les clefs de la liberté.

Il faut changer de paradigme. Nous devons reconsidérer notre rapport avec l'argent, notre entourage, et notre environnement. Recréer un système scolaire adapté. Changer de paradigme,

c'est commencer à voir le monde à partir de notre moi intérieur pour sous projeter vers l'extérieur: commencer à être des acteurs pour notre propre .

Nous devons reconsidérer notre rapport avec l'argent, notre entourage, et notre environnement. Recréer un système scolaire adapté.

Il faut reprogrammer nos braves gens les intellectuels qui sont happés par le système financier et le Pouvoir.

La finance, étant un instrument qui stabilise notre existence, une approche alternative à ce mécanisme, permettant de ramener nos enfants prodigues à la maison-Afrique est nécessaire. Nous traiterons d'une manière alternative, cet instrument qui leur est si cher, la finance.

Aucun autre Homme éthique ne saura mieux choisir le genre de développement approprié à nos villages que nos intellectuels, fils de nos pays. Mais pour cela il faut nettoyer leurs cerveaux et réorienter leurs neurones. C'est cela le but essentiel de ce livre: réinsérer dans nos têtes, notre identité, notre histoire et notre éthique, pour inventer la boussole de notre propre développement.

eine de la coiffure Afro à Paris depuis 1978 la con-
olaise Philomène MIAMBAZILA BIAMPAMBA alias
hilo Coiffure n'a cessé de faire preuve de dextérité,
originalité et de passion dans son métier. Ce qui l'a
ortie du lot et l'a fait adoptée par les stars de toutes
s couleurs et de toutes les tendances mais aussi par
onsieur et madame tout-le-monde.
oujours à la recherche du nouveau, de l'excellence,
la Philo, comme nous aimons l'appeler dans les mieux de la Banque Éthique Africaine, est de nouveau à
annes, pour répondre à la question de la problémat-
ue de la coiffure africain à l'orée de ce 21ème Siècle.
ue faire pour promouvoir la coiffure en milieux
ricains, et surtout comment faire pour léguer aux
énération futures, les moyens de leurs politiques ?

**ais en fait à quoi sont confrontés les coiffure afri-
ins ?**

urant ces deux dernières décennies, les arts de la
ode ont conquis leurs lettres de noblesse sur le conti-
ent africain. Du coup, ici et là, fleurissent des évène-
ents qui assoient et consolident cette reconnaissance
es couturiers et des stylistes africains. Toutefois, la
oiffure, qui est une composante à part entière de la
ode, a souvent été reléguée au second plan alors
u'elle contribue, à sa manière, à sublimer les modèles.
u-delà, elle constitue, avec ses produits dérivés, plus
un tiers des recettes générées par l'industrie de la

beauté, à coté des produits cosmétiques (visage, peau,
chevelure,…) dont le montant global du chiffre d'affaires, est estimé à des centaines de milliards de francs
CFA par an.
Face à ce commerce très fructueux, les coiffeuses et
coiffeurs africains sont encore très marginalisés. En ef-
fet, peu outillés par le manque de formation et dispo-
sant de matériels obsolètes, ils ne peuvent bénéficier
des fruits de cette rente. Assez paradoxalement, c'est
l'Afrique produit la plupart des matières premières qui
servent à la fabrication de ces produits : beurre de ka-
rité, essences diverses pour champoings et pommades,
… Le continent africain est confronté à un commerce
qui est pour le moins inéquitable car les agriculteurs et
producteurs, du fait des phénomènes de mondialisation, n'arrivent pas à tirer profit de leurs activités dont
les revenus sont insuffisants, et par conséquent, vivent
en dessous du seuil de pauvreté.

FIFP de Cannes 2020 Philomène MIAMBAZILA BIAMPAMBA alias Philo Coiffure, la Reine de la coiffure Afro à Paris sera là, mais pas sur scène mais parmi les VAP, pour voir, entendre, comprendre… et surement décider…

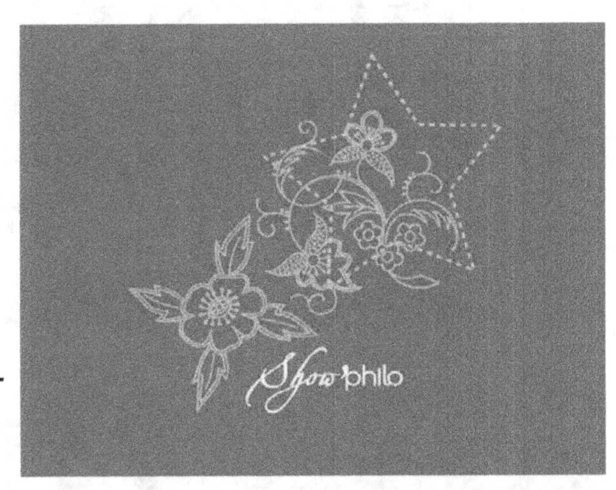

Show philo

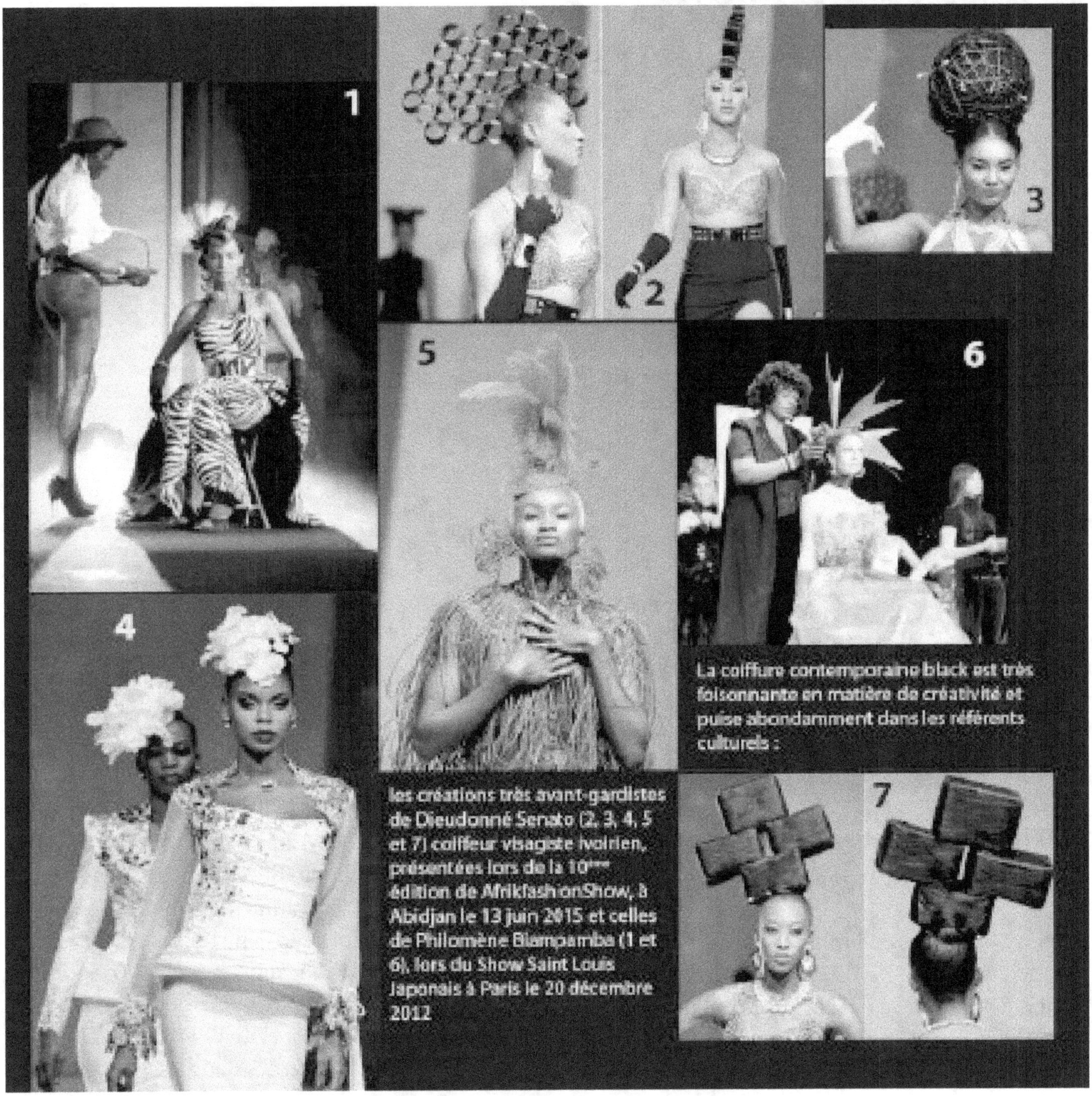
1
2
3
4
5
6
7
La coiffure contemporaine black est très foisonnante en matière de créativité et puise abondamment dans les référents culturels :
les créations très avant-gardistes de Dieudonné Senato (2, 3, 4, 5 et 7) coiffeur visagiste ivoirien, présentées lors de la 10ème édition de AfrikfashionShow, à Abidjan le 13 juin 2015 et celles de Philomène Biampamba (1 et 6), lors du Show Saint Louis Japonais à Paris le 20 décembre 2012

Il était une fois Premier Congrès des Originaires du Royaume Kongo

Cet ouvrage met en lumière la problématique Kongo de l'Est et de l'Ouest de l'Atlantique. Ils ont été mis en face de leur propre histoire, leur quotidien et leur futur, au travers d'un Congrès, le premier d'après 1665. Il a duré 3 jours du 17 au 19 novembre 2013 à Paris sous l'orientation de Masengo ma Mbongolo de Malaki ma Kongo et Rocha Nefwani du Royaume do Kongo. C'était pour la première fois dans l'histoire moderne des Kongo qu'ils se sont retrouvés. Les Kongo de Guadeloupe, d'Haïti, de Chili, de Cuba, de Santo Domingo, d'Afrique, de l'Europe et d'Asie et des USA, se sont regardés dans les yeux et se sont posés la question de savoir pourquoi Kongo et toujours Kongo ? Avant de conclure avec les mêmes mots d'il y a 350 ans, lors de la bataille de Mbuila, le roi Kongo Ne M'vita Kanga avant d'être décapité, avait dit : "Kongo tadi, ka di basué, ba nsinga" (Kongo est une pierre qui ne doit se morceler, mais doit être des fibres qui se tendent et se détendent sans jamais rompre) l'Union fait la force !!! Évidemment si la seconde édition est programmée 7 ans plu tard, c'est qu'à coté du fleuve de larmes de joie, il y a eu aussi beaucoup d'eau qui a coulé sous le pont. Prévu pour octobre 2020, nous sommes obligés de reporter la date à cause du Covid-19.

L'Appel aux filles et fils originaires du Royaume Kongo, venait de Mpemba, le monde des morts. Depuis la débâcle du jeudi 29 octobre 1665 à Mbuila à 17h00mn, chacun avait pris une direction différente de l'autre. Certains, capturés se sont retrouvés dans des terres inconnues, mais dans notre subconscient, nous savions que nous nous retrouverons un jour pour réapprendre à cheminer ensemble sous le fond sonore de Ndjele, ndjele mu nzila Kongo,

Les Kongo venus des quatre coins de la terre sont réunis en Congrès à Paris (visionnage de la vidéo en créole de Neite Decimus de Massachusetts-USA)

la chanson qui a accompagné les Kongo dans leur migration de l'Égypte Antique jusqu'à nos actuelles terres)… Le son du mukondzi (Le tambour à fente) pour "l'Unité et le développement des Originaires du Royaume Kongo" que Son Excellence Ne Vunda fait résonner depuis 1608 à Rome, est entrain de retentir encore plus fort.

Thèmes du Congrès :

1- L'union des bakongo du monde

2- Les relations inter culturelles des kongo avec le monde

3- L'entraide économique, sociale, intellectuelle et éducative

4- synchroniser le peuple kongo au monde pour remonter la pente.

Le but de cette rencontre était l'Unité des Kongo afin de fédérer leurs multiples capacités individuelles, à la cause du développement du peuple originaire du Royaume Kongo en ce siècle de

tata Sylvestre Kavungu et mama Marie France Massembo une Kongo de Guadeloupe d'un coté et de l'autre mama Berlus de Massachusetts-USA à coté d'un frère angolais)

Image de fin du Congrès des Kongo

la mondialisation. Aujourd'hui à 84 mois soit 7 ans de cette rencontre quel bilan peut-il être fait? Les Kongo qui ont pris part à cette grande messe des Kongo, ont-ils mis en application les recommandations dudit Congrès?

Dans les deux cas le rôle de Masengo ma Mbongolo est de continuer à faire résonner la sonnette d'alarme et quitte aux Kongo de savoir comment s'y prendre dans les temps futurs. Enfin pour Malaki ma Kongo, nous tirerons des leçons de ce qui a été fait et déciderons en conséquence.

L'auteur de ce texte Masengo ma Mbongolo est né en juillet 1960 au Congo, à Kinkala la capitale du Pool, il est un des rares spécialistes de Relations Internationales Culturelles Nord Sud pour le Développement, qui tente de transformer ses rêves en réalité. Comédien, metteur en scène, dramaturge, chercheur, réalisateur de films documentaires, Directeur artistique du Festival Tri continental MALAKI MA KONGO pour la promotion des Racines Culturelles Africaines et le développement responsable. Il vient de créer la Banque Éthique Africaine pour promouvoir l'entrepreneuriat en milieux Africains.

Tatandy Aldo Durades, Jean Claude Mata

Vévé Harvey Smith

Au Congrès des Kongo, les BDK-Bundu Dia Kongo étaient là.

Hyacinthe Massamba, Boris Nganga & Hardos Massamba

Le Prince de N'Sundi Masengo ma Mbongolo, lors de son discours inaugural du 1er Congrès des Originaires du Royaume Kongo

Le Prince de N'Sundi Masengo ma Mbongolo, et tatandi Musundi Aldo Durades

Son Excellence Mama Adélaïde Bakouetila, Ambassadrice de la Banque Ethique Africaine

Par le Prince M.M.M.

Par le Prince M.M.M.

Originaire du Congo Brazzaville, **Son Excellence Mme Adélaïde Bakouetila** a passé sa jeunesse dans la capitale économique où elle fait brillamment ses études secondaires avant de se marier et débarquer en France et plu tard en Angleterre. Dans ces deux pays elle a cherché à se former dans plusieurs institutions universitaires la nuit le jour elle faisait des petits boulots.

Cette expérience lavorative multidisciplinaires … de la femme de ménage à la cafétéria de l'université à la formation en administration des affaires à L'Université de Reims. Sans oublier qu'elle a travaillé dans un bureau des impôts à Paris et chez McDonald's avant de déménage à Londres.

Toute cette expérience lui a amené à démarrer son propre entreprise d'Import Export vers son pays natal le Congo. Et quand on elle a entendu parler de la création de la Banque Éthique Africaine, elle n'a pas cherché midi à quatorze heures pour rejoindre le groupe des Ambassadeurs de ladite banque ?

Mais qu'est ce qu'un Ambassadeur Banque de la Éthique Africaine.

…pour avoir au travers de vos actions, conseils, accompagnements, prêté main forte à la naissance et la croissance de la Banque Éthique Africaine, vous êtes élevées au rang d'Ambassadeur de la Banque Éthique Africaine.

Une banque éthique est un point de rencontre des gens, qui partagent l'exigence d'une gestion plus responsable et transparente des ressources financières.

Objectif:

La Banque Éthique africaine a pour objectif de transformer les problèmes des communautés africaines marginalisées, en opportunités de business sociales et durables, en soutenant les petites et moyennes entreprises sociales par le biais de prêts à impact, de conseils et de réseaux internationaux.

Pour cela il vous revient des droits mais aussi des obligations, qui vous permettraient de continuer à assurer ces fonctions.

Vos d Pour cela il vous revient des droits mais aussi des obligations, qui vous permettraient de continuer à assurer ces fonctions.

Vos droits: vous êtes copropriétaires de la banque; vos conseils et propositions seront examinés en priorité, avec ou sans votre présence.

Vos obligations: comme tous les ambassadeurs, vous êtes la bouche, les yeux et les oreilles, du responsable de l'institution que vous représentez. Votre rôle est de sensibiliser, d'inviter, de motiver le monde à l'auto financement de notre banque, pour assurer l'indépendance de notre banque, afin d'accorder des crédits sans garantie.

Et vos moyens de travail sont les anniversaires, fêtes, conférences, séminaires et actions communautaires qui aiderait à organiser un diner de gala, des crowdfunding (nsisani), ou toutes sortes de récoltes de fonds au sein de votre collectivité.

roits: vous êtes copropriétaires de la banque; vos conseils et propositions seront examinés en priorité, avec ou sans votre présence.

Vos obligations: comme tous les ambassadeurs, vous êtes la bouche, les yeux et les oreilles, du responsable de l'institution que vous représentez. Votre rôle est de sensibiliser, d'inviter, de motiver le monde à l'auto financement de notre banque, pour assurer l'indépendance de notre banque, afin d'accorder des crédits sans garantie.

Et vos moyens de travail sont les anniversaires, fêtes, conférences, séminaires et actions communautaires qui aiderait à organiser un diner de gala, des crowdfunding (nsisani), ou toutes sortes de récoltes de fonds au sein de votre collectivité.

(suite Nous accordons à chacun au moins trois mois pour organiser une activité. Vous savez bien que l'argent appelle l'argent, par conséquent nous ne pourrions pas déroger à la règle universelle de "garantie" pour solliciter un crédit pour ouvrir une entreprise. Mais ce qui est difficile, en travaillant seul, devient facile quand nous travaillons comme des fourmis pour soutenir nos activités entrepreneuriales, une après l'autre. L'union fait la force.

C'est donc à ces genres d'activités que vous êtes invités à prendre part. Il nous faut de manière commune renforcer notre base financière pour le bien de tous.

C'est la raison pour laquelle nous vous convions de prendre part au Réseau des Ambassadeurs de la Banque Éthique Africaine.

Mais si l'idée ne vous plait pas nous ne pourrions pas vous y obliger. Nous vous remercions tout de même d'avoir pris part à la maïeutique de la banque.

L'Afrique n'est pas pauvre mais ce qui fait défaut c'est l'éthique. L'ETHIQUE est le maître mot qui guérira l'Afrique de tous ses maux.

Merci.

L a première banque du Kongo

Festival Tricontinental Malaki ma Kongo à Cuba ou la Rencontre du Siècle les Musundi du Kongo et les Musundi de Cuba

La Rencontre du Siècle entre les Musundi de Kongo et les Musundi de Cuba a honoré ses promesses, dans trois espaces culturels différents, lors des Festivités de Malaki ma Kongo à Cuba.

Programmé trois ans plus tot en terre africaine, lors du fameux Pèlerinage au Coeur de l'Afrique en tourisme-responsable/pelerinage-au-coeur-delafrique , c'est fi nalement à Cuba que cet évènement qui fera date dans l'histoire, a eu lieu.

Tout à commencé à Sagua La Grande, située à 400 km dans la partie Est de La Havane, le cité est un grand bourg, pas trop différente des villes provinciales de l'Afrique. Mais ce qui frappe à première vue c'est la capacité cubaine d'auto prise en charge des formes et moyens d'existence en général, mais particulièrement des moyens de comunications. La vie est paisible, tranquille, sans stress, chacun fait ce qu'il est disposé de faire et le surplus "Fidel" s'en charge comme ils aiment dire. Mais les gens ne sont pas prets à vendre leurs âmes au diable pour un chewing gum. Comme a dit Jean François Chalut, un cinéaste canadien d'orgine européenne qui est aussi installé en Haïti: Parmi toutes les cités que j'ai visitées, La Havane de Cuba est la ville la plus tranquille au monde où les rapports humains et les conditions d'existence aide l'homme à espérer à un lendemain meilleur. Malgré le blocus ou mieux grace au Blocus les Cubains ont développé une capacité interne et interieure de se faire et refaire la vie à la limite de leurs capacités.

A Sagua La Grande comme dans les deux autres com-

munautés Musundi, Santa Clara et La Havane, nous sommes accueillis avec une curiosité frénétique, chacun a soif de savoir si je vais valider ou non le peu de connaissance de la langue kisundi qu'il a appris. Naturellement dans le cas d'espèce, comme le souligne tatandy Musundi Aldo Durades,
la langue musundi est une langue morte et qui ne doit sa vie qu'à la volonté des guerrisseurs, ou des gardiens de la sagesse africaine, qui invoquent leurs dieux au travers de ces parole "magiques".
C'est merveilleux de regarder dans les coins et recoins de leurs maisons. Vous trouverez toujours ce qu'il appellent kuna mfinda, une sorte de petit jardin sauvage où poussent les feuilles qu'ils utilisent dans leur medecine traditionnelle.
Mfi nda en langue kongo signifi e petite foret. Vous retrouverez comme par hasard un riche vocabulaire de mots sundi
qui vous cotoient à tout bout de champs.
Une cérémonie du souvenir a été organisée à Sagua la Grande par les Musundi, précisément au premier site où se faisaient les premières initiations de Nganguleros. La fete était grande et pour la circonstance la cérémonie exigeait le sacrifi ce de beaucoup de cabris et de poulets. À l'occasion Tatandy Musindi Aldo Durades a démontré son talent de danseur et de meneur de chant extra ordinaire. J'ai pu verifi er sur le terrain les mots qu'il m'a confi é: J'ai 74 ans d'âge mais mon corps est aussi vivant et agile qu'un jeune homme de vingt ans.

Toutes les chansons étaient en chanté en langue kisundi. Il m'ont meme composé une chanson en mon honneur, intitulée : Masengo Kongo, et il n'est un secret pour personne que Kongo est synonyme de d'équité, de loyauté de royauté. Le jour suivant nous sommes remontés en direction de La Havane à Santa Clara situé à 200 Km. Ici aussi la dimension foraine était la meme, à la seule différence qu'ici je suis tombé en pleine cérémonie d'initiation de trois nouveaux adhérends. Mais je remarque que si à sagua La Grande 99% les participants avaient la couleur de peau très foncée et les cheveux bien crépus, ici c'est le metissage qui domine. Ici, le padrino est José Ramòn Iglessias, un homme qui frole la soixantaine, 1,60m bien dans sa chaire comme dans sa peau, joviale et très aimable. Un des plus grands chanteurs de la zone et très conciliant. En peu de temps que nous sommes restés ensemble, il a pu dénouer avec une aisance surprenante, les petits et grands problèmes qui circondent les gens. Les chansons, les pas de danse et la connaissance de la langue Musundi et les ryth-

me, étaient parfaits. Mais dans toute cette rondonnée, la surprise qui m'attendait à La Havane, a dépassé les limites du vraissemblable.
Tatandy Musundi Aldo Durades m'avait bien informé qu'il avait initié plus de 45.000 cubain dans la religion Musundi.
Et que Oresteo Jesùs le chauffeur qu'ils ont mis à ma disposition, est de race blanche et que sa voiture est truffée de divinités protectrices musindi, yoruba et consors. mais je ne pensait pas me trouver devant un grand groupement de Musundi à 98% de race blanche. Mais cela importe peu pour eux d'etre Musundi Blanco (Blanc) ou Musundi Negro, ils se disent etre MUSUNDI, un point un trait. A partir du moment où ils ont passé avec succès les rites initiatiques Musundi, et qu'ils sont entrés dans le sillage de la protection de la divinité Musundi, ils renforcent leurs connaissances des mots et chansons rituelles Musundi, ils respectent les interdits, les droits et devoirs du Musundi, ils mettent au centre de leurs préoccupations l'AMOUR, la PAIX, la FRATERNITE, la COMMUNION UNIVERSELLE, le RESPECT DE LA NATURE, ils se sentent aussi Musundi que tous les Musundi de la terre.

Le chef de Clan est Rubens, un homme aux qualités humaines irréprochables et très athlétique. Vivant dans la périphérie de La Havane, il avait un grand jardin potagé qu'il a transformé en Mfinda et dans le fond se trouve Kunalumbu, son temple Musundi. La cérémonie de remerciement des divinités a duré deux heures, renforcée de chants, danse, prières incantatoire en langue Musundi. J'étais presque hébété de voir des personnes de race blanche qui te parlent une langue Musundi dont la sémentiques des mots chevauchent entre le sens propre et le sens figuré. Par exemple le cigare cubain est appelé fula, simplement parce qu'il est utiliser pour enfumer la personne que l'on traite ou et aussi celle que l'on inititie. Le maitre met dans la bouche la partie incandescente et se met à souffler et repandre de la fumée sur son patien. Et en langue Musundi, le verbe souffler se dit fula. C'est ainsi que dans ce cas précis le cigare utilisé pour l'initiation ou les traitements rituels se dit fula. Et vous trouverez beaucoup de mots, d'images ou de choses dont le sens varie suivant les circonstances. Après les mots de circonstance et la cérémonie religieuse, nous sommes passés aux divertissement dont le défilé de mode made in Kongo. J'ai avant tout du expliqué que Malaki ma Kongo fait la promotion de la culture africaine pour soutenir des actions de développement et de sollidarité internationale avec le Congo et Haïti. Nous avons lancé en 2004 un projet de micro finance pour les femmes au Congo et que les vetements que nous présentons lors du défilé en sont un des fruits. Nous avons créé et soutenons dans ce cadre un Centre de Formation en Couture des Jeunes Filles et Mères et ce sont elles qui vous proposent ces modèles. Nos manequins étaient pluri dimensionnels, des grands aux petits, des gros aux minces, des vieux aux enfants tout le monde avait sa place dans le défilé. Et c'était beau et amusant de les voir se musundiniser avec les vetements fait en tissu de coton et multicolore comme on les voit dans les rue et villages africains. Il y avait une fille Noire qui depuis mon arrivé évitait mon regard. Je sentait qu'elle représentait cet échantillon de gens marquées par les schémats sclérosés que la presse internationale aime oindre l'Afrique. Mais quand elle a vu ses amis Musundi Blancs se pavaner avec les habits venant d'Afrique elle a repris confiance en elle et peut-etre pour la première fois elle a commencé a aimer sa peau noire.

TATANDY MUSUNDI ALDO DURADES ROMANE
C'est un personage extraordinaire qui depuis son jeune age et précisement à l'âge de 12 ans, a choisi un chemin, celui de la quête et l'affi rmation de son identité Musundi. Sa recherche ne se limite pas au niveau individuel ou généalogique. Il enseigne, initie tout le monde sans distinction de race, écrit des livres, sort des CD de musique pour faire toucher du doigt son action à ceux qui ne le connaissent pas. Comme il l'aime le dire avec fi erté, il est cubain, biensur, mais il est aussi MUSUNDI.

Son mode de recherche est selectif mais aussi généraliste à la fois. Quand on lui pose la question de savoir quels sont ses rapports avec d"autres églises africaines comme le Vaudou, le Yoruba, le Candomble, le Palo Mayombe et autres?

Il dit que les rapports sont excellents, d'ailleurs je suis aussi initié à ces Dieux. Nous nous connaissons et nous nous respectons. Mais pour marteler sur son sens critique, la volonté de faire la recherche approfondie, ce désir de faire mieux, il dit: Tu vois ceci? Il me montre une toute petite tige de bois qu'il venait de cueillir, et dit, c'est ça palo.

Par ce geste il veut inviter tous les sacerdotes des religions africaines, à ne pas se limiter sur la partie superfi cielle des choses, les schémats sclérosés que l'on façonne pour presenter l'Afrique. Les sacerdotes Noirs sont détenteurs d'un savoir ancestral de la spiritualité africaine; la moindre des choses à faire est de rechercher l'identité primaire desdites divinités et leur redonner la dignité identitaire.

Quand je le questionne sur les rapports entre les populations d'origine africaine de Cuba et celles de l'Afrique. Il se redresse et me fi xe droit dans les yeux comme pour marquer l'importance de la question, avant de dire: pourquoi ne pas commencer avec leurs représentations diplomatiques des pays africains accreditées à Cuba?

C'est un vrai gachis, nous n'avons pas encore transcender nos differents créés par le commerce triangulaire. C'est avec une indifférence notoire qu'ils nous traitent, nous les ganguleros Noirs. Très souvent la classe d'intellectuels africains parvenus s'affichent très rarement aux cotés des Dieux et divinités africaines. S'ils le font, c'est très tard dans la nuit pour ne pas se faire reconnaitre. Ils se disent "CIVILISES", mais ils n'ont pas encore atteint l'age de se faire un Dieu. Ils sont fi ers de prier les Dieux des esclavagistes, ceux-là memes qui ont enchainé et continuent a ridiculiser leurs parents. La vérité est que le fait que la lignes politique de l'Afrique ignore l'interet d'une collaborer avec l'Afrique des caraibes, retarde la recherche sur la présence culturelle de l'Afrique dans les Amériques. Mon frère Masengo ma Mbongolo, tu ne peux joger l'interet que ton passage ici à Cuba, parmi nous représente. Tu aurais pu faire comme les autres qui restent cloitrés dans les hotels où à jouer à cache cache avec les fi lles. Le fait que tous les quarante cinq milles adeptes de la religion Musundi soient convaincu de la veracité de mon enseignement. Je ne dis pas qu'ils doutent de mon enseignement, mais quand une tiers personne vient confi rmer ce qui savaient déjà, est un plus. Il ne me reste plus qu'à aller à Mbanza Kongo la capitale du Royaume Kongo. Et j'ai déjà la date: dès le mois prochain. Mais après discussion nous l'avons convaincu que si de son coté il s'est préparé, ce serait bien aussi de donner un peu de temps au à ceux de Mbanza Kongo de se préparer en conséquence, au cas contraire, à son arrivée, Aldo Durades ne trouvera meme pas le chef du village à son poste. Enfi n ce voyage au pays du Grand Fidel Castro est riche d'enseignement, c'est la petite goutte d'eau qui fera déborder le vase de Malaki. A Cuba, en ce mois de septembre 2011, l'Afrique, le caraibes et leurs diasporas ont posé les rampes de lancement de leurs futurs aéro transculturels, sous le regard approbatif des Musundi de Cuba.

https://www.malakimakongo.net/malakimakongo/123files/wp-content/uploads/2011/10/Rapport-Malaki-Cuba-2011-Fr-WEB.pdf Festival Tricontinental

Malaki
AfroSpiritours:

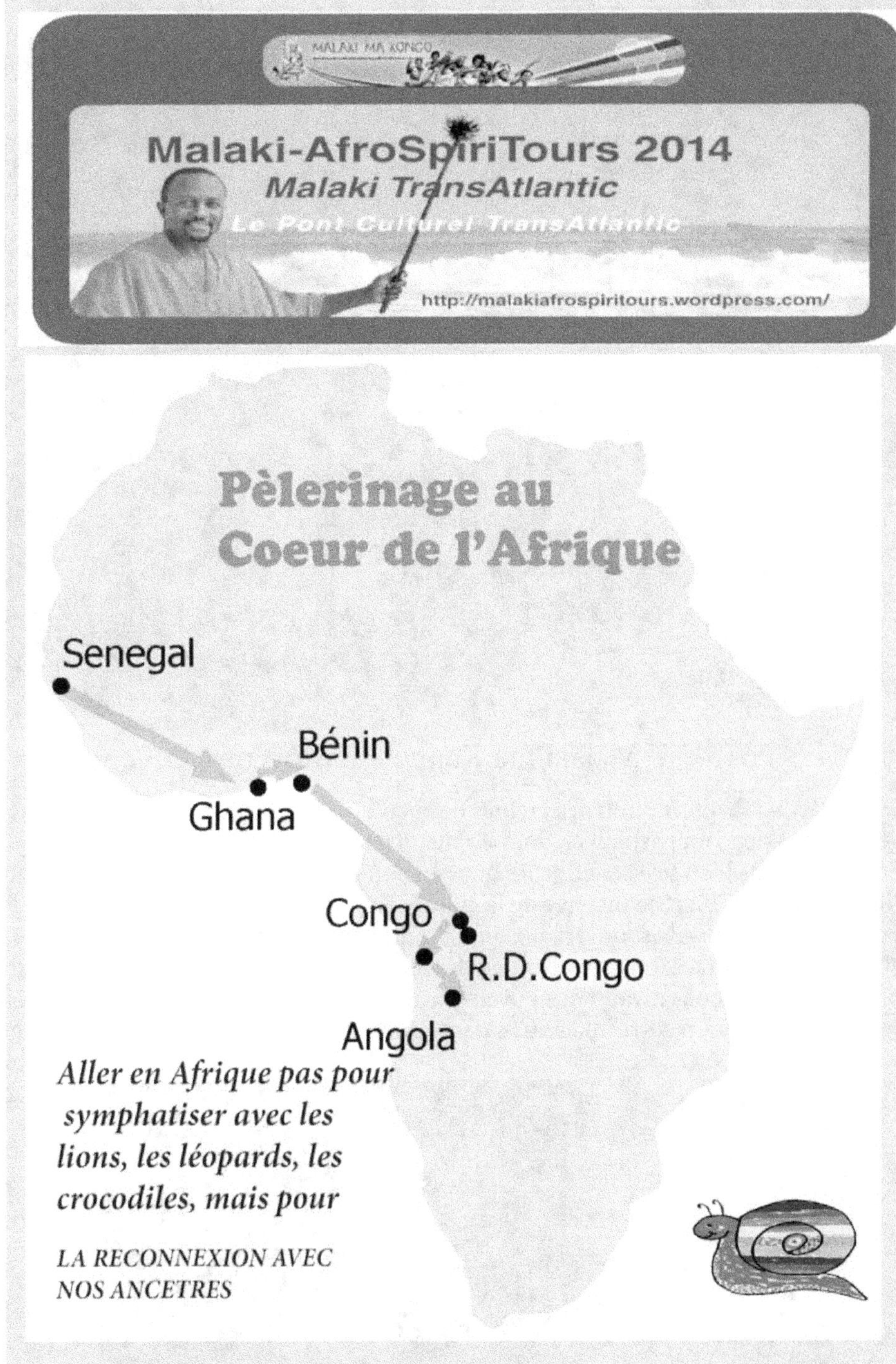

Nous sommes une passerelle, une courroie de transmission, un Pont culturelle Transatlantique. Notre souci majeur est de faciliter les rencontres, les rapprochements, combler le vide culturel, spiritual et identitaire d'un peuple séparé par un océan ; favoriser la décolonisation intellectuelle d'une série de génération qui marche à reculons, dans le sens inverse de l'histoire ; et boucher définitivement les trous de la jarre africaine qui empêchent notre développement durable. Nous c'est Malaki-Afro-SpiriTours, qui est un voyagiste non conventionnel, spécialisé dans l'organisation de voyages-racines de ressourcement pour petits groupes, dans un souci de tourisme équitable dans les communautés Noires de l'Est à l'Ouest de l'Atlantique.

Origine Malaki Afro-SpiriTours

Nous sommes la branche voyages-racines de Malaki ma Kongo. L'association culturelle Malaki ma Kongo est née

Malaki ma Kongo à Barlovento au Venezuela - 2012

en 1991 et fait la promotion des racines de la culture de l'Afrique noire en général et Kongo en particulier, dont les manifestations sont annuelles et se déroulent dans bien trois continente où nous sommes installés : Afrique-Europe-Amérique. Bien qu'inspirée de la culture Kongo, dont il veut assurer la promotion, le festival est ouvert aux autres cultures du monde… Le premier et le dernier spectacle ont toujours lieu dehors, autour d'un grand feu de bois. Malaki est un festival prêt à porter capable de se mouvoir non seulement d'un pays à un autre, mais aussi d'un continent à un autre.

BUT: C'est reconnaitre son identité africaine et la sauvegarder.
Objectifs :
* Permettre à des individus et surtout aux Afro descendants de s'arrêter pour faire le point de leur histoire personnelle, collective et se ressourcer. * Proposer des démarches de croissance personnelle, culturelle, identitaire et spirituelle dans le cadre d'un voyage.

* Privilégier la rencontre avec soi et avec le passé du monde Noir. * Passer de la connaissance livresque, médiatique pour expérimenter la force des sens du touché, de la vue, de l'odorat et d'en tirer personnellement des conclusions sur la réalité historique du Monde Noir. *Aider à faire abstraction aux idées reçues, aux préjugés, aux soi-disant vérités universelles, pour interroger directement la nature, les montagnes, mers, vallées, les forêts.

NOTRE PHILOSOPHIE
QUAND UN RENDEZ-VOUS AVEC SES RACINES DEVIENT UN VOYAGE DE NON RETOUR A SA COQUILLE PRIMAIRE Vous est-il arrivé à bruler la majorité des livres sur lesquels vous avez bâtit votre personnalité ? Pourquoi ne pas

Masengo ma Mbongolo au Temple des Python à Ouidha au Bénin

Rosemond & Masengo ma Mbongolo en route pour la Citadelle Laferrière en Haiti

prendre une pause et attendre que cette foret, cet océan et ces rochers, apparemment inertes, et pourtant ils vous attendent depuis des siècles, pour vous renseigner pas à pas le chemins emprunté par vos ancêtres pour aller construire le Far West ? Ceci caractérise l'atmosphère de nos séjours : des voyages qui suscitent la réflexion et donnent des outils de croissance humaine et spirituelle.

L'objectif : patiemment, marquer le pas fatal qui comme l'électricité à haute tension, carbonise toutes vos connaissances primaires pour faire de votre âme ce sphinx immortel qui ensemencera toutes les prairies d'un savoir inébranlable.

Le tout dans le respect du rythme et la liberté des croyances de chacun. Le maitre du jeu ce sont les moments de silence et de grande attention qui favorisent un ressourcement en profondeur. La nature, les rappels historiques et l'observation de la spiritualité locale, occupent une place privilégiée.

L'accueil mutuel est encouragé à l'intérieur des petits groupes afin que se développent la fraternité, l'estime de soi et des autres, le partage et l'écoute.

CE QUI NOUS DISTINGUE: *Petits groupes : nous voyageons avec des groupes à échelle humaine de 6 à 15 personnes afin de favoriser les temps de partage au sein du groupe et avec la population locale. * Rythme plus lent : le rythme de nos circuits est plus lent que les circuits traditionnels afin de permettre de s'imprégner des lieux, se ressourcer, et découvrir plus en profondeur la culture locale. *Voyages thématiques : chaque voyage aborde un thème particulier en suggérant des expériences, ateliers ou réflexions en lien avec ce thème. https://malakiafrospiritours.wordpress.com/about/

M.M.M.

Hougan Elien Isac / Samba'L,Pdt de CECILE & Malaki ma Kongo

Elien Isac connu sous le nom de SambaL est Hougan 4ème génération. Il est le représentant de Malaki ma Kongo en Haiti. C'est frace à lui que j'arrive à parler de Haiti, pas cette ex-colonie française qui le chantre de la liberté de l'Homme Noir, mais de Ayiti, terre haute, celle des Arawax tainos et des gestionaires des lwa ramener de l'Afrique pour la liberer le monde de l'exclavage.

Pour connaître le vodoo, il faut marcher, comme aiment bien le dire les Hougan et Mambo. C'est à la 5ème rencontre qu'il décide de m'amener à Belfontaine dans un village dénommé: *Makoongo*, situé à 2 heures de route csrossable + 6 heures de marche dans les ravins, les eaux et les montanges qui culmunent à plus de 1500m et les cailloux vous taillent la semelle des sandale... et pourtant, eux memes marchent les pieds nus. Vous ne pouvez-vous imaginer combien était ma joie de me retrouver dans un des villages où l'argent n'est pas utilisé et la medecine traditionnelle reigne en maître.

Aujourd'hui Haïti est devenu ma seconde patrie et certains haïtiens sont étonnés de m'entendre parler de leurs villages et des rapprochements que Haïti a avec Kongo...

Masengo ma Mbongo & son père B.P. qui lui dit: *"Dire aux Petits fils de nos petits fils ce que les parents de nos parents ont vécu". Zunga Mvoala Mbongolo Joseph le père de B.P.*

MASENGO MA MBONGOLO

Né en juillet 1960 au Congo, il est un des rares spécialistes de Relations Internationales Culturelles Nord Sud pour le Développement qui tente de transformer ses rêves en réalité.

Comédien, metteur en scène, dramaturge, chercheur, réalisateur de films documentaires, Directeur artistique du Festival Tricontinental MALAKI MA KONGO pour la promotion des Racines Culturelles Africaines et le développement. Responsable du Pèlerinage au Cœur de l'Afrique pour la réconciliation des africains de l'Est et l'Ouest de l'Atlantique. Il est aussi promoteur des actions de solidarité internationale avec le Congo et Haïti. Son association MALAKI MA KONGO est installée en Afrique, en Europe et en Amérique.

Le but de Malaki ma Kongo est de promouvoir les Racines Culturelles Africaines afin de soutenir le développement responsable dans le Sud du Monde. Et le slogan de Malaki ma Kongo est de Dire aux Petits fils de nos petits fils ce que les parents de nos parents ont vécu. Il a aussi lancé La Campagne d'Installation des Centres Culturels Malaki ma Kongo dans le Monde 2012 – 2017.

Directeur de Publication de La Rue Meurt Magazine, une Plateforme Panafricaine d'Informations de l'Est à l'Ouest de l'Atlantique créée en 2012 http://www.laruemeurt.com/ Le but de son existence est la sauvegarde de la mémoire collective à travers des échanges d'informations entre panafricanistes et surtout sans intermédiaires pour en garantir la pureté.

Il est présent dans le monde du théâtre depuis les années 80. En 1994 les guadeloupéens qui sont venus à Brazzaville et dans le Kongo profond lui ont fait remarquer l'importance de Malaki ma Kongo dans les Amériques. Et depuis 2002 des antennes de Malaki ma Kongo ont vu le jour en Guadeloupe, en Haïti, à Santo Domingo, en Guyane, au Venezuela, à Cuba, Equateur, Chili, USA, Canada. Des séries de documentaires vidéo ont été tournées dans ces pays, comme : « Le Bicentenaire de Haïti »; «La Rencontre du Siècle: Les Musundi de Cuba avec les Musundi du Congo» qui est une lecture unique, insolite, et panafricaine des deux cent ans d'indépendance de Haïti.

Ses tous derniers livres sont:
-Le Vaudou Haïtien vu avec les Yeux d'un Kongo d'Afrique.
-Vingt Ans de Malaki ma Kongo (premier tome).

 Il a organisé Le Pèlerinage au Cœur de l'Afrique en 2008, pour la réconciliation des africains de l'Est et l'Ouest de l'Atlantique dont la seconde édition se fait encore attendre.

En mars 2010 il a managé le Projet SOS Haiti Malaki ma Kongo. Il est promoteur d'actions de solidarité internationale avec le Congo du genre Coopérative Agricole de Jeunes Agronomes, Centre de Vulgarisation de l'Outil Informatique (Didacticiel) et le Centre Malaki Développement pour la formation en couture et en coiffure des filles mères. Comme une tache d'huile, son association se répand en Afrique, en Europe et en Amérique centrale et aussi dans sa partie Nord au USA et au Canada…

Il est Co-Promoteur en novembre 2013 PREMIER CONGRES DES ORIGINAIRES DU ROYAUME KONGO, fruit de la collaboration des Groupe Malaki ma Kongo et Groupe Royaume Do Kongo, auquel se sont joints d'autres groupes, amis, entrepreneurs, artistes.

2014, il crée "Malaki-Afrospiritours" du tourisme lié aux activités culturelles, historiques et religieuses.

Enfin le dernier né est Le Quinquennat de Malaki ma Kongo 2014 – 2019 dont le lut est de fédérer les énergies des Antennes Malaki ma Kongo pour la culture et le développement.

D'autre part il existe aussi Malaki Developpement, un réseau Sud-Nord pour la promotion de la finance éthique afin de vulgariser le Développement Responsable créé en 2002. Le projet de micro-crédit pour redonner espoir et confiance en la vie aux mères de famille, aux jeunes et aux micros entrepreneurs, Débuté en 2004 au Congo, le projet bat de l'aile, mais il reprendra son élan et avec d'autres projets à confirmer dans un futur proche.

Dans ce sens qu'avec la Création du Réseau Vers la Banque Ethique Kongo, le Programme décennal expérimental de vulgarisation de la finance alternative et éthique au Congo débuté en 2004 au Congo, devrait entrer dans sa phase de réalisation à grande échelle.

Masengo ma Mbongolo conjugue le présent au temps passé. Son horloge de vie s'est arrêté le jeudi 29 octobre 1665 à 17h30mn lorsque à Mbuila, et avant sa décapitation, Ne Mvita Kanga (Antonio) roi du Kongo, anti-esclavagiste dit : Kongo tadi, ka di basué, ba nsinga (Le Royaume Kongo est un pierre qui ne doit s'effriter, plutôt qu'il soit un ensemble de cordes qui se tendent et se détendent sans jamais rompre).

Malaki ma Kongo: Renaissance de la culture d'une Afrique vraie
Créée en 1991 en Rep. du Congo, l'association culturelle Malaki ma Kongo est née comme continuation et développement du festival Malaki ma Kongo, qui fait la promotion des racines de la culture de l'Afrique Noire en général et du cœur de l'Afrique en particulier, dont les manifestations sont annuelles: aujourd'hui il se déroule dans bien trois continents.

Bien qu'inspiré de la culture Kongo, dont il veut assurer la promotion, le festival est ouvert aux autres cultures du monde… Le premier et le dernier spectacle ont toujours lieu dehors, autour d'un grand feu de bois. Malaki est un festival prêt â porter capable de se mouvoir non seulement d'un pays à un autre, mais aussi d'un continent à un autre.

En dehors du Congo, Malaki a des antennes au Congo Kinshasa, au Bénin, en Italie, en France, Espagne, au Ghana, en Guadeloupe, en Haïti, en Rep. Dominicaine, à Cuba, au Venezuela, en Equateur, au Brésil, aux USA et au Canada.

La toile de fond de Malaki ma Kongo est la Renaissance de la culture d'une Afrique vraie qui s'exprime dans ces termes :
• la recherche des origines de l'identité culturelle africaine et de sa diaspora
• révéler les différents maux qu'ils minent l'Afrique
• réfléchir sur les approches des solutions
Par MMM.

Our Story

Twenty Years from now since the days of dispersal policy imposed by the Home Office in order to cope with large number of Asylum seekers housing needs, this was the humble beginning of KongoMania (As we were formerly known as) A specialist housing provision with ethnic sensitivity was born to respond to emerging needs for a more inclusive housing for those who fled wars.

• We started after being fed up with lack of change in the housing provision, the report from our community members and other clients has shown a lack of empathy from those who are paid to give the required support to vulnerable clients.

• Systematic abuses and lack of clear policy on emergency accommodation provision from the relevant authorities thus opening up doors to exploitation of migrants and less well off community members of our society

OUR RESPONSE TO THE NEEDS

• Kongo House is supported by local housing provider, who are giving us the opportunity to work with residents to help them rebuild their lives, in doing so, we emphasize on a collaborative partnership, as we believe that current provision is not responding the demands but opens doors to many abuses which affect this client group.

• Kongo House volunteers are going the extra mile to provide necessary support and floating support to a group of resident (3-4) to ensure that they are fully prepared and equipped to live an independent life.

• We recycle younger who were previously in institutionalized care and other establishment, using our "Streets2Sweetlife" to encourage potential resident to seeks help and build networks of friends and secure a permanent housing a job or a develop a business idea before moving on.

• Work with clients to ensure that causes of theirs crisis is deal with, but also making sure that there's no repeat.

The Way forward

• We believe that our clients are potential entrepreneurs, workers, students, movie star etc. This mixed group of talented clients is always encouraged to build on what we have to offer and secure their future.

• Given the complex nature of theirs cases in general, a multi agency approach is at the heart of what we do, and residents will be referred to external agencies only where necessary.

• Housing being the bedrock of social integration, we sincerely believe that given the right direction and support, available resources can make a big impact on people lives

• Kongo House model is using far less resources with big impact contrary to current provision which has shown its limits in fighting homelessness and associated problems.

• On six month basis, we believe that we can transform our clients lives, if they commit themselves to changing or fixing what is not working in their individual lives.

SPECIAL Thanks to Provident housing

• Since Dec 2019, our research has been supported or tolerated by Provident housing Association in term of access to many properties where we could recruit those who met the criterias.

• To this day Kongo House has changed young adults and elder fortunes by targeting the roots cause of homelessness, and we are confident that we can achieve more if dedicated and targeted funds are secured, meanwhile we rely on donations to support our work.

• We hope to develop a social enterprise to respond to the growing demand for bed spaces, but so far the current crisis is slowing our progress.

• We believe that the Community Housing Model can offer our clients a better service as long term housing solution rather than the current provision of emergency accommodation under which we are operating.

• Regards

E.M.Kanga / Volunteer Manager

CASE KONGO - KONGO HOUSE

Notre histoire

Vingt ans à partir de maintenant depuis l'époque de la politique de dispersion imposée par le ministère de l'Intérieur afin de faire face à un grand nombre de besoins de logement des demandeurs d'asile, ce fut l'humble début de KongoMania (comme on l'appelait autrefois) Une offre de logement spécialisée avec une sensibilité ethnique est née pour répondre aux besoins émergents d'un logement plus inclusif pour ceux qui ont fui les guerres.

• Nous avons commencé après avoir eu marre du manque de changement dans l'offre de logement, le rapport des membres de notre communauté et d'autres clients a montré un manque d'empathie de la part de ceux qui sont payés pour apporter le soutien nécessaire aux clients vulnérables.

• Les abus systématiques et le manque de politique claire sur la fourniture de logements d'urgence de la part des autorités compétentes ouvrant ainsi les portes à l'exploitation des migrants et des membres de la communauté moins aisés de notre société

NOTRE RÉPONSE AUX BESOINS

• Kongo House est soutenu par un fournisseur de logement local, qui nous donne la possibilité de travailler avec les résidents pour les aider à reconstruire leur vie, ce faisant, nous mettons l'accent sur un partenariat de collaboration, car nous pensons que les dispositions actuelles ne répondent pas aux demandes mais ouvre la porte à de nombreux abus qui affectent ce groupe de clients.

• Les bénévoles de Kongo House font un effort supplémentaire pour fournir le soutien nécessaire et le soutien flottant à un groupe de résidents (3-4) afin de s'assurer qu'ils sont parfaitement préparés et équipés pour vivre une vie indépendante.

• Nous recyclons les plus jeunes qui étaient auparavant dans des établissements de soins institutionnels et autres établissements, en utilisant notre «Streets2Sweetlife» pour encourager les résidents potentiels à chercher de l'aide et à créer des réseaux d'amis et à trouver un logement permanent, un emploi ou à développer une idée d'entreprise avant de partir.

• Travailler avec les clients pour s'assurer que les causes de leur crise sont traitées, mais aussi s'assurer qu'il n'ya pas de répétition....

• 	Cordialement

• E.M. Kanga / Gestionnaire des bénévoles

Omaggio a LeonHard Leonardo Losselli
Vicenza 17 - 5 - 2020 Italia

Masengo et Losselli en campagne de vulgarisation de la Banca Etica d'Italia

Se n'è andato in silenzio, silenziosamente come se volesse che ci ricordassimo della sua natura di uomo sorridente…

Se n'è andato in silenzio Leon-Hard, come gli piaceva essere chiamato, scelse la data della sua partenza, in questo momento di confusione mondiale…

Fu nel settembre del 2001 che un amico comune, Ippolito Rigoni, mi presentò questo illustre personaggio che mi ha preso per mano e mi ha aiutato ad aprire le porte del mondo della finanza etica, ma anche dei principi umani della detta finanza.

Se n'è andato in silenzio. Diceva: la finanza etica non ti renderà ricco, ma ti aiuterà a guardare il mondo con la testa sulle spalle.

Se n'è andato in silenzio, le intense giornate di lavoro si concludevano con un katshungula-tshungula, il bicchiere della staffa che era un momento d'approfondimento delle cose.

Se n'è andato in silenzio.

Partendo dal Congo, i decani di Malaki ma Kongo mi avevano dato la missione di andare oltre i fiumi, le montagne, le valli, le foreste, i mari e gli oceani, alla ricerca di uomini etici che dovessero collaborare con gli uomini etici dell'Africa…

oggi sono passati già venti anni. Ho attraversato il Mediterraneo più di 30 volte e l'Atlantico più di 20 volte alla ricerca di questi uomini etici, oggi posso essere orgoglioso di aver trovato in Leone-Hard Losselli queste qualità d'Uomo etico che cercavo.

Se n'è andato in silenzio,

- lui, con cui nel 2005, quando abbiamo creata la Federazione delle Banche Etiche Europee, abbiamo iniziato a pensare insieme alla creazione di una banca etica africana. Alla fine di quest'anno ti avevo cercato invano per dirti che:

1- Il progetto comune "Verso una Banca Etica Africana, che era il nostro sogno, è deventata realtà dal 30 dicembre 2019 (Banque Ethique Africaine) ;

2- in Congo creeremo un Centro per la promozione della Finanza Etica in Africa, ho pensato di invitarti ad inaugurarla, ma ora che non sei più, lo chiameremo "Centro Leonardo Losselli"

Se ne andò in silenzio.

Ma questo è solo un arrivederci, caro Losselli, lo so e lo sento faremo più katshungula-tshungula …

Grazie a nome dell'Africa !!!

(Version française)

Hommage à LeonHard Leonardo Losselli

Leonardo Losselli"
Se n'è andato in silenzio.
Ma questo è solo un arrivederci, caro Losselli, lo so e lo sento che faremo ancora katshungula-tshungula …
Grazie a nome dell'Africa !!!

Il est parti en silence, silencieusement comme s'il voulait que nous nous souvenions de sa nature d'homme souriant …Léon-Hard est parti en silence, comme il aimait être appelé, il a choisi la date de son départ, en ce moment de confusion mondiale.

C'est en septembre 2001 qu'un ami commun, Ippolit Rigoni, m'a présenté cette illustre personne qui m'a p par la main et m'a aidé à ouvrir les portes du monde la finance éthique, mais aussi des principes humains cette finance. Il est parti en silence. Il a dit: la financ éthique ne vous rendra pas riche, mais elle vous aide à regarder le monde la tête sur les épaules. Il partit e silence, les journées intenses de travail se terminère par un katshungula-tshungula, le verre de l'étrier qu était un moment d'approfondissement des choses.

Il est parti en silence.

Partis du Congo, les doyens de Malaki ma Kongo m'avaient

donné la mission d'aller au-delà des rivières, des mo tagnes, des vallées, des forêts, des mers et des océan la recherche d'hommes éthiques qui devraient collaborer avec des hommes éthiques de Afrique… vingt ans se sont écoulés aujourd'hui. J'ai traversé la Médi erranée plus de 30 fois et l'Atlantique plus de 20 fois la recherche de ces hommes éthiques, aujourd'hui je peux être fier d'avoir trouvé en Leone-Hard Losselli qualités d'homme éthique que je recherchais.

Il est parti en silence,

- lui, avec qui en 2005, lors de la création de la Fédération des banques éthiques européennes, nous avc commencé à réfléchir ensemble à la création d'une banque éthique africaine.

A la fin de cette année je t'avais cherché en vain pou dire que:

1- Le projet commun «Vers une Banque Ethique Afr caine, qui était notre rêve, est devenu réalité depuis l 30 décembre 2019 (Banque Ethique Africaine);

2- au Congo nous allons créer un Centre pour la Promotion de la Finance Ethique en Afrique, j'ai per vous inviter à l'inaugurer, mais maintenant que je ne peux plus proposer de l'appeler "Centro Leonardo Losselli"

Il est parti en silence.

Mais ce n'est qu'un adieu, cher Losselli, je sais et sens que nous ferons plus de katshungula-tshun gula …

Merci au nom de l'Afrique !!!

M.M.M.

Préface du livre "Une Banque Ethique en Africaine: reve ou réalité?" de Masengo ma Mbongolo par Fabio Salviato

Fabio Salviato, premier Président de la Banque Ethique d'Italie; Presidente direttore generale SEFEA HOLDING

Une Banque Ethique en Afrique disait Fabio Salviato, pourrait représenter une grande opportunité ».

Un continent qui présente une série d'indicateurs, aussi préoccupants, des taux de chômage élevés, absolument inquiétants, nécessite l'élaboration d'un système de protection qui puisse garantir l'assistance, au moins pour la catégorie sociale la plus pauvre. Le revenu par / habitant est très faible, le changement climatique qui exigerait une action sur les processus de désertification en place, le processus de déforestation qui menace d'effacer les poumons de notre planète. tout cela au nom de la maximisation du profit.

D'autre part, avec une bonne utilisation de l'argent, que ce soit des fonds d'épargne, ou d'investissements, peuvent effectivement permettre à une centaines de millions de personnes de pouvoir, grâce à un prêt, de reconstruire et récupérer, afin de retrouver leur dignité », pour leur famille pour leur ville et pour leur pays.

Tout cela est possible, à partir d'un groupe de personnes qui croient en ce projet, de mettent en action et de le développer sur leur territoire, y compris grâce à la coopération des citoyens d'autres continents, pourquoi pas, nous vivons dans une ère de mondialisation et aussi avec des outils tels que le crowdfunding, et d'autres pourraient être en mesure de lancer une campagne de soutien à l'échelle planétaire, et faire de l'Afrique un laboratoire de grande innovation, d'où pouvaient partir des signaux clairs et précis de l'innovation, du changement responsable, de la paix et de la solidarité entre les peuples.

Retenez que la chose importante est de croire et ensuite commencer un parcours lent, mais régulier et continu, vers la mise en place d'outils de développement susceptibles d'être en mesure d'apporter des réponses concrètes à tous ces gens qui demandent simplement d'être capable de vivre sur leur territoire une vie peut-être sobre mais heureuse.

par M.M.M.

www.ingramcontent.com/pod-product-compliance
Lightning Source LLC
Chambersburg PA
CBHW080730120726
48001CB00010B/3181